高情商表达力

慕云之◎著

GAOQINGSHANG
BIAODALI

文匯出版社

图书在版编目（CIP）数据

高情商表达力 / 慕云之著. -- 上海：文汇出版社，
2020.1

ISBN 978-7-5496-3073-8

Ⅰ．①高… Ⅱ．①慕… Ⅲ．①语言表达－通俗读物
Ⅳ．① H0-49

中国版本图书馆 CIP 数据核字 (2019) 第 278115 号

高情商表达力

著　　者 / 慕云之
责任编辑 / 戴　铮
装帧设计 / 天之赋设计工作室

出版发行 / **文匯**出版社

　　　　　上海市威海路 755 号

　　　　　（邮政编码：200041）

经　　销 / 全国新华书店
印　　制 / 三河市龙林印务有限公司
版　　次 / 2020 年 1 月第 1 版
印　　次 / 2024 年 2 月第 3 次印刷
开　　本 / 880×1230　1/32
字　　数 / 118 千字
印　　张 / 7

书　　号 / ISBN 978-7-5496-3073-8
定　　价 / 38.80 元

目录 contents

序

说对话，没有得不到的糖

不论是友情还是爱情，或者是同事之谊，我们的每一段感情几乎都是从聊天开始的。

罗振宇曾在《奇葩说》里说，当代社会最重要的能力是表达能力。

会表达的人，能成为最大的利益收获者。然而，不可否认的是，总有一些人就是会把天聊死——他们丝毫看不到众人脸上雕刻着大写的尴尬，最后只给人留下"话不投机半句多"的印象。

事实上，他们并不觉得自己的说话方式有问题，反而理直气壮地觉得是你在挑剔他的语病。

朋友 J 是个"负能量垃圾桶"，任何事情从她嘴里说出来都会成为抱怨，或是吐槽。即便只是胖了两斤，她也会埋怨"怎么又胖了"，我实在没法应答。

一个 40 多公斤的姑娘，整天跟我一个小学毕业时就没轻于 50 公斤的人抱怨她"胖"！这让我无数次都想问她："你这到底是真心抱怨自己呢，还是在嘲笑我啊？"

其他朋友评价 J，永远都是同一个意思：人确实很好，性格直爽，也很热情，就是不太会聊天。"不太会聊天"是属于她的特有标签。

有一次，几个人一起吃饭，朋友指着一碗凉拌莴笋叶对我说："这个挺好吃的，加上千岛酱，简直是一道清爽可口的美味，回头我也要自己做个试试看。"

等这些话飘进 J 的耳朵里，就听见她兴奋地说："莴笋叶这东西，听说在农村都是直接摘下来当猪食的啦，在大城市就变高级凉拌菜了。"

朋友听了，当时就黑了脸，我能明显感觉到她去夹菜的手都抖了几抖。

场面略有些尴尬，一句听上去只是玩笑话的话，却没有人觉得好笑。

旁边又有朋友说了一句："这可长见识了，你不说，我们都是城里长大的孩子，大部分人都不知道的。"

我们都听出了另一番滋味，敏感如 J 肯定也能感觉得出来，但以我们对她的了解，她应该不会善罢甘休。果然，她冷不丁又冒出一句："那你真是头发长见识短了，可得好好见见世面……"说完，她还不忘记配以自己标志性的大笑，但没有朋友愿意附和她。

那次聚会之后，J 就逐渐淡出了我们这个圈子。确切地说，她是被动淡出的。

可想而知，J 的人际关系是存在一定问题的。就像她刚进新公司的时候，同事都喜欢热情洋溢的她，跟她聊天，甚至周末约她逛街。但时至今日，她在那家公司第四个年头了，听说已经没有同事愿意跟她相处，她总是独来独往。

当然，这是后话。我只是想说，你可别瞧不起这类话题终结者，他们就是可以轻轻松松地把天聊死，还顺便赠你一道内伤。

事实上，你要是觉得他们心肠坏，故意刺激别人，可能也未必真是如此。但他们的这种说话方式着实会让人感觉不舒服，甚至不愿意再与之深入交流。

从 J 身上，你可能也发现了，她并不是个文静沉默的人，

相反，她更可能是一个外向开朗的姑娘。所以，你千万不要
以为会聊天的人都是气氛的调剂品，都有活跃气氛的技巧，
他们很可能也是一群不讨喜的话痨。

一个真正会聊天的人，从来不会因为说了很多话，吐槽
了大把负能量，而被其他人贴上"会聊天"的标签，但他一
定能在合适的时间说合适的话。

与其说，会聊天的人运气都不会太差，倒不如说，会聊
天的人都有独特的大智慧。

有趣的灵魂万里挑一，会聊天的人少之又少。

第一章

不谈不如健谈，健谈不如会谈

戴尔·卡耐基说，人际关系是人与人之间的沟通，是用现代方式表达出《圣经》中"欲人施于己者，必先施于人"的金科玉律。

1.Office 里的相顾无言

很多人都希望 Office 里的环境其乐融融，能给人以积极向上的乐观情绪，使工作成为一种享受，甜蜜地负担生活的压力。更多的时候，比起家人，相处时间更长的也许是同事，你们愿意选择欢声笑语还是相顾无言？

某天晚饭时间，我接到安雅的电话："哎哟，快出来陪我聊会儿天，我都快闷死了。"我顺势八卦了一下，才了解到安雅的工作环境很压抑，也着实难为了向来健谈的她。

安雅把简历投给杭州的一家工程公司后，结果她就顺利地跳了槽，准备开启自己的快乐工作模式。因为专业限制，她只能做行政工作，但这丝毫不影响她的工作激情，她依然像个小鸟一样叽叽喳喳地跟任何同事都自来熟。

但是，最近安雅对于新公司的吐槽越来越多，其中最多的一点也是让她最受不了的就是，上班时间办公室里太安静。

偌大的一间办公室，有着将近 20 个工位。安雅的工位在最角落里，中间对半分成工程部和设计部。但安雅发现，不论是哪个部门的同事，一起吃午饭时气氛明明很融洽，上班时间一到，就立刻像用拉链牢牢缝上了自己的嘴。

安雅其实很理解他们，做工程和设计不比她做行政，他们都需要有连贯的思路，但这只剩下键盘敲击声的办公室，让她觉得特别压抑。

这时，安雅看到设计部的薇薇姐去茶水间倒水，她偷偷地跟了进去，迫不及待地问道："薇薇姐，平时你们都不聊天吗？这工作虽然忙，也要找时间轻松一下啊？"

薇薇姐给安雅一个"嘘，小声点儿"的表情，然后轻声跟她说："等下我告诉你。"说完，留下一脸懵圈的安雅离开了。

安雅回到自己的位置，还没坐下，就看到 QQ 里跳动的头像，是薇薇姐。

"小安，我们办公室里都很少说话啦。你看，主管和几个老总的位置就在那边，隔音也不算太好，我们怕言多必失，所以私底下都是用 QQ 沟通呢。"

经过薇薇姐的点拨，安雅躲在自己的位置上观察了一天，发现确实是薇薇姐说的这么回事。有两个特别要好的同事，他们的键盘声会同时响起，然后就同时起身出去了；有好几个同事，整整一天都是闷着头在看电脑做事；还有几个同事偶尔晃晃鼠标，偶尔捂着嘴偷笑，但从来没有笑出过声……

安雅看了一天的哑剧，嘴上缝着的无形拉链关了她一肚子的话。一见到我，她劈头盖脸就是一句："你说他们都不难受吗？一整天都在靠打字沟通，想说话还要相约去洗手间聊天，累不累？"一口气说了这么多，她喝了口水接着吐槽，"就连午休都是几个人站在那边相顾无言，我差点以为他们要'无语问苍天'。"

此时我还没反应过来，傻气地问她："问苍天干吗？"

安雅没好气地瞪了我一眼，叹了口气，说道："问问苍天，为什么人家的办公室都能轻松愉快，我们的办公室像哑剧现场呢？"她转而又认真严肃地说，"我不管，我一定要改变这个局面！"

原本在办公室里聊天是一件再平常不过的事，却经常会因为领导坐在不远处而不敢大声说话，担心不知道哪一句逆了耳，从而给自己的工作带来诸多不便。为了躲避这样的"无妄之灾"，更多的人愿意选择用通信工具代替日常的语言沟通，从而提高自己的安全系数。

而更多的时候，在线聊天方式并不能完全替代语言沟通，那不仅会使办公室的气氛尴尬，也会使同事之间感情疏远。

荔枝姑娘已经很久没有来找我聊天了，所以她的 QQ 头像跳动的时候，我还意外了一下。

打开对话框，荔枝姑娘说："我们公司的环境真是越来越沉闷，我都想跳槽了，再这么下去，我该得抑郁症了。"

"怎么？还是没有改善吗？"我有些疑惑。

荔枝姑娘发了个叹气的表情，继续抱怨："都已经习惯了，哪能说改善就改善哪。你看，就像我和小王在吃饭的时候也会聊天，但是一到办公室就跟施了魔咒一样，居然相顾无言，只会大眼瞪小眼。"

"那你们就张开嘴，大声地说敞亮话呗，说多了不就热闹起来了？"我觉得这并不难。

"难呀，都习惯了。"她发了一个哭晕的表情，"本来还会聊 QQ，现在连 QQ 都很少聊了，感觉大家的关系越来越疏远了。"

我嘲笑她，说哪有这么严重。她很严肃地表示，就是有这么严重！

早前就听说过荔枝姑娘的办公环境与安雅他们公司差不多，都是用 QQ 代替说话的那种沟通氛围。安雅平时就爱说话，她适应不了，我们还都表示理解。可荔枝姑娘本来就不太爱说话，我们一直以为她会比较适应这样的环境，却没想到有一天也会听到她来吐槽。

听荔枝姑娘说，在上班时间能听到同事说话的机会，也许就只剩下午休去食堂点菜的时候，她都快忘记大家的声音都是什么样的了。

平时沟通少，交集也会越来越少，除了工作中有疑问时联系以外，其他时间大都是各管各的，就连原本跟荔枝姑娘很要好的鹿鹿和小王，现在也都是吃完饭就各回各的工位去了。还有，现在早上偶尔落下一班公交车，想找个人代替打一下卡，感觉都不好意思跟人家开口。

荔枝姑娘说，这让人特别难受，她好怀念以前吃完饭她们三人在公司所在的园区走走的情景。那时候有说有笑，还会偶尔吐槽一下彼此的男朋友。

"前阵子，不是听说你们主管鼓励你们工作之余多在办公室说说话，增进一下大家的感情吗？也没有效果？"我记得荔枝姑娘跟我说起这事，当时还特别兴奋。

"效果不大，主管还带头在办公室直接跟我们聊天，可大家好像都不愿意多说，没说几句又低头看自己的电脑去了。就连主管想让我们重新破冰，组织下班后一起聚会，都没多少人积极响应呢。"末了，荔枝姑娘还发了一个大汗淋漓的表情。

"那可真是悲剧了，要重新破冰，还真不是件容易的事。"这个问题一下子还真不好解决，所谓冰冻三尺，非一日之寒。

"可不是吗，不聊天不沟通交流，感情都疏远了。"荔枝姑娘默默地给他们办公室下了定论。

聊天的方式，更多时候是一种情感的交流，是一种能量的传递，在交流和传递的过程中能活跃气氛，增进彼此的感情。相反，大部分人因为缺少沟通交流，剪断了彼此间联系情感的纽带，在无形中产生了隔阂。

最大的代沟，不是年龄的差距和彼此陌生，而是缺乏沟通。你觉得这有什么可聊的？那其实都只是你不会沟通而已。

萦萦说，现在她越来越喜欢他们公司了，反而觉得下班很无聊，没有事情做，也没有人可以说话，搞得她现在无比敬业地积极加班。

要知道，萦萦一直都不想过朝九晚五的上班生活。用她的话说，每天坐在那儿，不是做事就是发呆，这么枯燥这么无聊，长期下去可怎么办呀？现在，我们都很好奇萘萘的改变。

说起他们公司，萘萘就像打了鸡血一样，立刻滔滔不绝地说起来。

他们公司猎头了一位新领导刘涛。在刘涛来之前，他们公司与其他公司的办公室氛围区别不大，大部分时间都是各自做事，连椅子动一下发出"嘎吱"的声音都显得特别尴尬。偶尔也有几个声音飘荡在办公室，大都是"嘿，那谁，你看下我给你的留言""你把那个文件赶紧传一下给我"这类加急信息。

30 岁出头的刘涛年轻又健谈，他完全受不了这种沉闷的气氛。于是，新官上任第一把火，就是改善这种尴尬的办公环境。

刘涛不按套路出牌，他定出的第一条规矩就是，工作之余需要安排适当的休息时间，办公室里所有人都不例外。他们在休息时间只做一件事：陪他聊天。

实行规矩的第一天，办公室的气氛异常尴尬，同事们你看我、我看你，甚至比平时更让人不习惯。刘涛不乐意了，说："咱们这样吧，我们挨个儿说一件不开心的事，然后下一个人思考一下怎么劝他；再说出自己一件开心的事，以此类推。"他指了指大家，"反正咱们这里也就二十来个人，今天就先玩这个真心话大冒险的变异版。"

真心话大冒险的变异版？这可勾起了同事们的好奇心。

刘涛给了大家五分钟的准备时间，先从自己开始，说起了自己的不开心："最近不开心的事儿，就是咱们这个工作环境问题：没有生气，没有激情。看你们一张张严肃的表情，我就头疼，你们都是年轻人，还能不能有点年轻人的样子？"

大伙儿一听都笑了，气氛一瞬间就缓和了不少。

刘涛接着说："你们来给我出出主意，我这件不开心的事儿，该怎么解决比较好？"

下一位发言者正好是蔡蔡，她没想到是这么一回事，一下子没有反应过来。这时，坐在对面的陈波举手，大家又被陈波的举手动作给逗乐了。刘涛指着陈波说："你可以先来，给你抢答的机会。"

陈波清清嗓子，站起来，郑重地说道："我们要点燃自己的激情，打造一个生机勃勃的团队！"

"嗯！说得好，有赏！等下微信私聊，我给你红包奖励。"刘涛鼓励陈波的发言，又问道，"还有谁，继续！"

有了陈波做前锋，一些性格本来就比较活泼的同事开始蠢蠢欲动。就这样，新规矩定下的第一天就收到了意想不到的效果。

　　这样的互动活动大概隔两天就会来一次，持续几次以后，整个办公室的气氛都被带动了起来，同事之间也不再相顾无言。接着是部门之间互相协调，部门内部互相沟通……大家的积极性都被调动了起来，都不再用 QQ 来解决问题，直接收益就是公司的业绩节节攀升。

　　找到彼此的共同点作为聊天的开篇，更容易得到共鸣和话题上的扩展，在聊天中拉近彼此的距离，打破缺乏沟通的尴尬气氛，在轻松愉悦的氛围里达到沟通的效果。

　　戴尔·卡耐基说，人际关系是人与人之间的沟通，是用现代方式表达出《圣经》中"欲人施于己者，必先施于人"的金科玉律。

聊天小秘诀：

Office 沟通原则 1：利用所有可以沟通的机会和时间聊天，也是放松紧张工作的一种方式。可以利用午休时间，也可以利用工作之余的休息时间，主动去跟同事聊天，聊工作中的疑问、聊新闻……关键是需要你先开口。

Office 沟通原则 2：找一个彼此都感兴趣的话题作为聊天的开篇，营造聊天的氛围。

Office 沟通原则 3：在聊天时切记"把天聊死"。如果不知道怎么继续话题，抛出一个对方感兴趣的话题，把话题主导权让给对方，做到有效沟通。

2. 不谈不如健谈，健谈不如会谈

你沉默不语，就连坐在你对面的人也看不懂你，原本能谈成的合作也许就黄了。你觉得这样不好，也许应该尝试切换成活泼开朗的风格。

事实上，若是你不分场合和对象，只一味口无遮拦，塑造出来的也可能是聒噪的风格，即便能给人健谈的印象，那也未必是一件好事。

阿华刚到北京的时候，每天下班都会跟我讲她的新生活。大山和阿狸就是她的两个性格截然不同的新同事。

大山是个老实巴交的人，戴着一副沉闷的黑框眼镜，一个人窝在办公室的角落里自顾自地做方案，从来没有跟同事主动交流过。阿华说："同事们都说跟大山合作可累了，一棍子打不出个闷屁来——只是低头自己做方案，不问理念也不请示总监，经常被客户投诉，搞得整组人都焦头烂额地要给他扫尾……幸亏我还没有项目要跟他合作。"

"打不出闷屁"的大山果然又闯祸了，客户的投诉电话直接打进了总监的办公室，说是不要这种"两耳不闻窗外事"的人给他们做方案，连他们提出的理念都没有搞清楚就直接做出了初稿，根本不适用，并且要求换人，否则可能会中止合同。

鉴于大山的沉默寡言酿下了祸根，总监索性就指派了跟阿华同期进公司的阿狸去接洽这个项目。

阿狸刚进公司，就凭着一张"抹了蜜"的嘴在同事圈里站稳了脚跟。在阿华眼里，他似乎有说不完的话、讲不完的故事，就连同事喝一杯速溶咖啡，他都能跟同事从"喝咖啡和喝咖啡因的区别"讲到"拿铁和馥芮白的区别"……阿狸属于知无不言、言无不尽那一类健谈型人。

阿狸第一次接到需要独立完成的项目，兴奋不已，一晚上都在查资料、找数据。准备充分之后，第二天他胸有成竹地去见客户。

经过一番沟通，双方基本达成了理念上的共识，甲方代表也挺满意阿狸这个临时换场的小伙子，此时正好临近下班，便客客气气地请他一起吃了晚饭再走。

阿狸一听挺高兴的，跟甲方代表打好关系是开展业务的首要原则，不可马虎。

觥筹交错间，阿狸对甲方代表的话也多了起来，从业务一路聊到了这次的"换人事件"。甲方代表很庆幸地表示："这次你们总监真有眼光，换了你这样的小兄弟来，又专业又健谈，哥相信你不仅能处理好这次的方案，还能陪着哥今天喝个痛快。"

阿狸听着甲方代表嘴里一口一个"哥"，顿时觉得亲切了很多，话语也跟着随便起来："哥，你还别说，我们那个总监啊什么都好，就是识人的眼光不怎么的……兄弟我是真觉得有点问题。"

对方一愣，阿狸也没察觉对方的表情，继续说："就说之前那个大山吧，是公司出了名的闷葫芦。我要是总监哪，早把他开除一百回了，哪儿还会分配像哥你们公司这种重量级的任务给他呀……"

"那你们总监是太不重视我们这个项目了，早该派你来接洽才对呀！"甲方代表试探性地问了一句。

阿狸还是没有觉察出问题，边喝着酒，边闷闷地说："可不是。"

眼看着甲方代表的脸色似乎变了个样，阿狸才惊觉自己说错了话，但说出去的话就像泼出去的水，要收回来恐怕没那么容易了，他只能祈祷对面坐着的甲方代表跟总监不相识为好。但这可能吗？

不论是对外洽谈合作，还是公司内部协调团队，沟通往往是建立彼此之间相互信任和促进合作发展的第一步，是破冰拉近距离的必要方式。但你要是分不清外部沟通和内部和谐的联系，便会轻易就将自己推到别人谈资的风口浪尖上去。

我的朋友艾琳，跟大山的性格类似，也是那种闷着头只顾自己设计创作的人，完全无视客户的要求。但她跟大山又略有不同，她说她闷头创作的"坏习惯"并不因为她是闷葫芦，而是怕被打断创作思路。

艾琳向来自诩是个非常健谈的人，不过，她说自己刚出道的时候，也遇到过因为过于健谈而吃亏的事。

艾琳揣着自己的一堆设计知识和理念踏入这个行业，多数时候还是偏向"学院派"作风，遇到瓶颈时会先搜索学校学到的知识来填补。所以，她的初稿和成品会比普通设计师"变异"得更夸张一点儿，经常要由总监亲自操刀帮她修改才可能达到客户满意的程度。

但在艾琳看来，她并不感激同事们对她的帮助，她自恃拿过校园设计新人奖，一直都认为他们只是不懂得欣赏她的作品。

然而，不懂得欣赏艾琳作品的何止是同事们。

艾琳承接项目之后，原本想着好好跟甲方沟通一下设计理念。刚一坐下，甲方来的也是一个年轻姑娘，怯生生地例行公事般问道："请问，你作为这次项目的设计师，对于项目有没有一些看法呢？我们可以先沟通一下。"

艾琳一看对方像是个菜鸟，心里立马就轻松了不少，心想着这回能忽悠一下对方，争取最大化的自由发挥空间了，言语间便也轻快了很多。她说道："你只要把你们公司想表达的想法告诉我就可以了，我们是做这个专业的行业首选，肯定是在满足你们需求的基础上做到最好，这个你可以放心。"

还没等对方反应过来，艾琳又噼里啪啦说了一堆专业性的名词，想表达的最终结果就是，专业的事情要交给专业的人来做。菜鸟姑娘估计是被侃晕了，很放心地表示："你看着办就行，毕竟你们是专业的。"

两人年龄相仿，说完了业务上的事，便一见如故地谈论起一些时尚的美妆话题，临分开前还一起去喝了咖啡。艾琳觉得，这样的顾客才是上帝，简直仁慈有爱到了极点。

接下来的日子里，艾琳专心投入到设计稿的制作中，中间有些细节也没有跟菜鸟姑娘沟通。她深信对方已经给了自己完全自由的发挥空间，她需要好好表现一番，也顺便让同事对她刮目相看。

但让艾琳意外的是，甲方收到她的设计初稿后，竟二话不说地退了回来。她询问原因，对方也只是说不是他们想要的效果，重新修改吧。

这下艾琳可恼火了，拿着初稿就去找总监，气愤地说："他们自己说让我自由发挥，当时可没说要什么样的效果，现在又拿这套说词退我的稿子，这是不尊重我的设计！"

同事看着艾琳一脸生气地从总监办公室出来，纷纷好奇地表示关心："小艾，这是怎么了，总监责怪你了吗？"

"责怪倒没有，但我瞧着也是不看好吧……"艾琳正愁一肚子火没地方说，有同事关心，自然是一股脑儿把槽点全往同事那儿吐露，"你说这人奇怪不奇怪，一开始说专业的事交给我们专业的人来做，现在又说不行，竟然说我不专业！"

"没办法，谁让顾客是上帝呢，谁让他们是甲方爸爸呢，改吧。"同事小A安慰道，"下次记得提前跟他们沟通一下，别让人给糊弄过去了，不然吃亏的还是自己。"

工作中，遇到第一次合作，自己的专业能力不需要跟对方侃侃而谈，而是需要提前与对方做理念上的沟通。再强的专业能力，都应该基于已经达成合作共识的前提下，才可能最大限度地发挥自己的专业能力。

出现意见分歧时，更需要进一步进行妥善沟通处理，否则不只是会让对方怀疑你的专业能力，很可能会影响之后的合作。

总监告诉艾琳，在她来之前，他手下有一个得力干将叫辛琪，刚入行的时候也遇到过类似的问题。总监很清楚，很多时候，不是他们的能力有问题，而是在于沟通的尺度没有把握好。

辛琪是半路出家转学设计的，对自己的技术一直不太自信，跟着师兄师姐已经参与了十几个项目的洽谈，依然没有掌握精髓。

辛琪第一次独立去谈项目的时候，场景是这样的：她坐在甲方对面，认真地拿着纸笔，对甲方说："请您说说看，贵方对这次项目的设计有什么具体要求，我尽量配合你们的理念来设计。"

甲方也是个外行，只知道转述公司老板的话："要直观、抢眼，能一眼看出主题、吸引客户就可以了。"

辛琪有些傻眼了，这不是常规要求吗？她又问道："那有什么具体要求，比如说色调上啊，或者其他要求？"对方回答了一句："没有，你先按照这样来吧。"然后就匆匆离开了。

　　辛琪做事很谨慎，在甲方抛出了这样模棱两可的要求下，她觉得，如果一味按照自己的想法去做很可能会产生偏差，而且由于跨行的不自信，她对于这样的事情处理得更为小心谨慎。

　　回到公司，辛琪就敲开了总监办公室的门，向总监汇报了这次会谈的结果，并且希望总监能给出指导意见，点拨一二，让她能有个大致的方向感。

　　虽说每个人都事无巨细地向总监汇报工作进度，他经常忙得不可开交，但像辛琪这样端着请示和学习的精神来请教的却很少。总监打心眼里喜欢这个姑娘，当着她的面给对方老总打了一个电话，直接沟通这个项目的问题。

　　总监把沟通的具体结果跟辛琪讲解了一遍，她也都一一记了下来。但是，她发现有些理念跟实际设计会产生冲突，于是她指着记录的两处冲突内容，对总监说道："总监，这里两个地方似乎有些矛盾，如果要达到对方的要求，这些肯定需要做调整，不然可能会给人不伦不类的感觉。"

　　总监点点头，但为了促进辛琪进步，他没有明示具体该怎么改进，只跟她说："根据你的理解，这些信息你再去整理一下。有疑点难点，你再去约一下客户代表，听听他们的意见和想法。如果他们同意按照你的思路来做，那最好了，如果实在有异议，那就再找个折中的办法。"

见辛琪只是懵懂地点点头，总监又补充道："这些并不难，不需要你用很好的口才去说，只需要把重点内容提出来，抓住重点做有效沟通就可以了。"

辛琪听得一知半解，但最后一句话她扎扎实实地听了进去：不论你跟客户的关系有多好抑或是完全陌生，有效沟通才是重点。否则，你一点儿也不去沟通，只顾自己做，或者跟客户家长里短地万分健谈，都不会对项目进展有任何帮助。

辛琪花了一晚上的时间，整理了总监的指导思路，也在上面做了笔记，圈出疑问和自己的设想。第二天，她给甲方打了一个电话，约好再沟通的时间。

做了充足的准备，也理顺了设计思路，辛琪跟甲方沟通起来便顺了很多，这次不再是"尽量配合你们的理念"，而是"我觉得这里可以……"

辛琪谈了自己的很多设想，并成功说服了甲方同意按照自己的理念来充分发挥设计空间。最后，设计稿竟然一次通过了对方的确认，得到了总监和同事的一致称赞，她也由此建立了自信。

有效沟通，是基于在清楚了解双方的需求前提下，最大限度地利用自己擅长的专业能力作为补充和修正，不仅不会破坏彼此的合作关系，反而更容易得到认同。

专栏作家彪悍一只猫说，高手的说话原则有三：一，少讲废话，要说就直击痛点；二，听人说话，要给人合适的回应，让人感觉到你很关注他所讲的内容，给人成就感；三，切忌不懂装懂。

🦌 聊天小秘诀：

合作沟通原则 1：合作的最终目的是为了顺利地达成共同目标，建立起信任是促进双方沟通的首要因素。

合作沟通原则 2：在初步确认达成合作共识后，进行妥善的沟通，深入了解对方的想法和理念，达到共赢的合作目的。切忌擅作主张和过分夸大，脱离实际的沟通会对后续的合作造成不良影响。

合作沟通原则 3：在沟通中善于发挥自己的能力和特长，及时提出对疑问和异议的理解和解答，促进合作双方的认同感，更利于后续合作。

3. 敲黑板，说重点

与人交谈，我们大约都格外厌烦这样一类人：他们说话总是绕圈打诨，即便是有明确的交谈目标，也要发展出许多无关紧要的分支，到最后会让你根本分不清楚交谈的重点是什么。

七七跳槽到了一家策划公司，主要负责会展类活动策划，我们都觉得这份工作挺适合她这个话痨型人才，她可以在人群中充分发挥不怕生的精神。

七七自己对这份工作也是十分满意，感觉像捡到了宝，非要请我们去星巴克，表示对她新工作的庆祝。她惬意地喝了一口咖啡，还得意扬扬地不忘跟我们炫耀："等着，不久的将来，姐会成为新一代的'策划之星'，到时候请你们去五星酒店吃自助餐。"

我们还在等着吃自助餐的日子，七七却对新工作已经不定期地开始抱怨。她在群里问我们："你们觉得我说话是不是没有重点？"

静静地听完七七的吐槽，我们才知道，她的"话痨病"遇到了疑难杂症，遭到了前所未有的打击。

在七七进公司前，他们公司参加了一个会展的竞标活动，最终被同行夺标。这个会展近期就要举行，于是，主管便派七七这个新面孔前去当"卧底"侦察敌情，顺便也让她感受一下会展现场的气氛，总结出这次对手公司策划的优劣点，以供他们学习借鉴。

作为新人，这是一个难得的学习机会，不知道羡煞了多少同事。七七自觉应该牢牢把握住这次学习机会，做出一点儿成绩来为她的"策划之星"大道铺路。

参观考察回来之后，七七显然跟以前有些不一样了，仿佛这次会展就是她策划的一样。同事们好奇地问她感觉怎么样，她直夸会展的甜品有多好吃，她吃了好多不知道会不会发胖，还神秘兮兮地表示已经准备了厚厚的材料，只等着向主管汇报。

同事们觉得七七更像是在绕弯，好像要对他们保密，然后去跟主管邀功似的，大家也都没了听下去的兴致。顿时，办公室的气氛略有些尴尬，但她对此浑然不知，还在为一些个人收获自鸣得意。

主管刚一进门，就看见了七七摩拳擦掌自信的模样，对于她的"卧底"材料也立马提起了浓厚的兴趣，连茶水都没倒，便叫她进办公室汇报工作。

"主管，我来汇报情况。"七七自来熟地拿了把凳子坐下，开始说了起来，"哇！那个会展的排场啊……真是大！而且，他们采用中西餐结合方式，就像电视里那种高档宴会一样，让人一看就是上档次的样子。那个餐点也很好吃，请厨师估计也花了不少钱……"

七七越说越起劲，从现场装饰的豪华说到餐点的口味，丝毫没有注意到主管的脸色越来越难看。听到后来，主管已经烦不胜烦，他要的不是这种没有重点参考价值的汇报。

"他们这次邀请的嘉宾是属于哪个档次的？跟活动主题是不是匹配呢？还有，现场布置有没有让你觉得特别吸睛的亮点？"主管忍不住打断了七七的激动，又补充问道，"主持活动的互动编排是怎样的？"

七七一下子被问得有些蒙，又仔细回忆了一遍，回答道："嘉宾……好像还蛮有名的吧？不过我都没怎么见过，就看介绍是什么公司副总、什么公司顾问等。现场布置……我就关注了他们的餐点特色，应该就是亮点了吧？互动……互动……"

抱歉，主管也看出来了，七七实在是想不起来互动环节是怎样的了。

"连会展环节最起码要注意的要素都没有关注，更不会挑重点说，绕了那么大的圈子，暴露的问题就是你的准备工作没有做充分，你应该好好地请教一下其他同事！"主管略有些懊恼地对七七说。

在职场管理沟通中，往往会有主题延展的情况发生，员工会觉得自己关注到了事情／项目的多角度发展，能让管理层更全面地了解。事实上，管理层却希望员工能直截了当地说明事情／项目的重点，首先解决重点问题。

阿荀是我们圈子里最早进入保险行业的朋友，他们公司对于新晋保险经理人都会有若干次的培训课程。具体内容我们不得而知，但有一次听他说起他们公司的培训师，他的唯一评价就是：老板真抠，请了个不太专业的培训师来，也不怕误人子弟影响大家的业绩。

新来的培训师叫黄老师，看上去文质彬彬，一副学究的模样。但接触下来，阿荀发现他的性格完全与造型不匹配，是一个能从睁开眼开始说话，一直说到闭上眼睛睡觉的那一类话痨。

听培训部的同事说，黄老师是那一期应聘者里面最能说的一位。当时负责面试的 HR 问了他一个很简单的问题："你怎么看待保险行业？"

这种问题简直就是送羊入虎口，黄老师本来就是冲着保险行业来应聘的，若是连这么简单的问题都回答不了，那恐怕就只能回家啃老了。于是，黄老师开始侃侃而谈："保险行业，我觉得是最民生的行业了。有句话说，留下一些可以用的东西给妻子儿女，而不是留下一些负担给他们。我出去旅行的时候都会买一份全家的出行险，走到哪里都可以放心了。"

HR 听着还挺有感觉，但没想到黄老师话锋一转，继续说道："哎，经理，我跟你说，当时我是在已经上了高速路的情况下买的出行险呢，然后我光顾着给孩子讲解周围的景色，竟然忘记点确认。幸亏那天没出什么事，不过那里的景色真是漂亮，有时间了，公司也可以组织员工去看看。真的，那是个网红景区……"

黄老师从网红景区开始一直说到他们回来为止，负责面试的几个同事面面相觑，都开始琢磨着谁去打断对面坐的这位"导游"——他真的是来应聘的吗？确定不是来推销旅行套餐的？

尽管黄老师像一名合格的推销员一样把网红景区介绍了一遍，但培训部却发掘出了他的亮点，这样的人来培训部不是正好嘛，简直是为他们部门量身定制的。

于是，阿荀在第一堂培训课上便见到了黄老师。

上课那天，阿荀带着一本崭新的记事本，准备开启他的保险经理人之旅。不料，他却听黄老师讲了整整一天的"他与保险结下的不解之缘"：从子女的保单讲到他的女儿现在读几年级、成绩如何好，又从意外险讲到他走了多少地方、见到多少人和事……

参加那一期的新同事纷纷表示完全不知所云，甚至还有胆大的同事去询问明天是不是还是黄老师讲课——如果是，他要考虑换一个行业，这个行业可能不适合他，因为他连最基础的培训课都听不懂。

这惹得培训部主管哭笑不得。

"黄老师，培训的课件不是给你了吗？你照着资料给他们讲解就可以了，偶尔穿插一点儿真实事例是好事，但他们都是新员工，你得先为他们梳理理论哪。后期我们有实战案例课，到时候你可以再给他们讲解具体的案例和应用。"培训部主管苦口婆心地说道，"你这没有重点尽说些自己的故事，新人都听得云里雾里的，没有效果呀！"

黄老师却觉得自己没有问题，反驳道："我这哪是没有重点，明明句句都是重点，我是在用亲身经历和感受告诉他们保险的好处哇！"

此时，培训室里却都在讨论一个问题：公司请不起专家给我们培训吗？怎么请了这么个半吊子话痨讲师来。

专业领域的管理沟通，没有重点的侃侃而谈，在自己看来或许句句都是重点，但自己说得畅快开心，别人听得糟心，容易给人带来不专业的体验。

在银行上班的同学韩洁给我打了个电话，她有业绩考核指标，所以让我帮忙去她的网点开通一项业务。

我到银行的时候，韩洁正好在给一位老太太讲解他们银行新推出的理财产品，她示意我先坐着等她会儿，我就有机会好好观察她的日常工作了。

"我们这个产品是本季度的主打产品，年利率比以往推出的产品都要高，您看这里……"韩洁接着指了指智能机界面的几组数据，"而且还有一点好处，就是它能随用随取，只要不是周末，在头一天晚上12点前提交购回的申请，第二天早上等您起床，钱就到您的银行卡里了。这些您都可以让子女帮您在手机里操作，很方便……"

我看着韩洁尽心尽力地讲解，不由得佩服起她的耐心。她尽量用最直白的方式给老太太讲解，老太太则是这里不明白、那里不清楚，两人在那里说了很久。

虽然韩洁最后没能说动老太太购买产品，但老太太临走的时候倒是客气地对她说："姑娘，你说的我听得进去，几个重点我也记下了，不像以前其他推销理财的工作人员说了一大堆有用没用的，把我都说晕了。回去我跟我家老头和女儿商量下，要是购买，明后天我来了还找你。"

刚送走了老太太，韩洁正准备跟我打招呼，旁边有个渔民大叔申请新卡不会填写表格，正四处探望着找人帮忙。此时大堂经理不在，她只好先处理渔民大叔的事。

"大叔，您在这里填身份证号码，然后在这里签字就可以了。"韩洁又翻到另一张表格，"这里几个地方都要填，但是这边万一填错了可别涂改，直接再拿一张新的填写，写错了就无效了。"

大叔在一旁连连点头称是，还真心地感谢她的指导。

我坐在休息区无聊，便东走西走看看墙壁上挂着的那些条款和产品宣传资料，正好听到旁边另一名工作人员在给客户讲解理财产品。

"这次我们推出的这款产品特别好，我都不知道推荐了身边多少亲朋好友来买。我就是这样的人，是好的东西才会尽力去推荐，要是不好，我也就不推荐给您了。"工作人员像极了推销员，没有具体解说，只是一个劲儿地一口一个"好产品"，客户听得逐渐露出厌烦的表情。

这时，韩洁走过来跟我打招呼，打断了我"看戏"的心情。她问我："看什么呀，这么认真。"

我指了指旁边那名工作人员，调侃她："那小姐妹没你专业，一个劲儿地说是好产品，又不跟人家说哪儿好。做理财产品推销，起码要把客户关注的回报率这个重点解释一下吧？"

我不懂他们银行的理财业务，但站在客户的角度，换作是我也会比较关心利率的问题，其次才是时间和操作的问题。显然，韩洁更了解客户的需求和关注的重点，而那名工作人员则有些差强人意，所以各自客户的反应也不尽相同。

简明扼要地阐述重点，让人能一目了然地就了解相关信息，不论是在处理业务还是在管理沟通中，都会达到显著的效果。

《静下心来，才能看见自己》里说，目标清楚，掌握重点，做好沟通，是简单工作的不二法门。

所以，现在你清楚学会挑重点说在工作中有多重要了吧！

聊天小秘诀：

管理沟通原则 1：确定工作主题后，不要绕弯打圈，关注重点，阐述问题重心，撇清次要的或无关的问题，抓住核心。

管理沟通原则 2：所有的内容都是重点，等同于没有重点！这条原则同样适用于生活和学习。

管理沟通原则 3：直截了当说重点，用简单直白的语言直击要害，能达到"快准狠"的效果，更容易实现沟通目标。

4. 所谓会说话，就是善于倾听

所谓善于倾听，是指能专注地听对方把话说完，然后再表达自己的看法，或是补充不足之处。

我们总认为情商高的人会说话，其实，他们只是善于先倾听对方的想法，一边听一边思考，再站在对方的角度考虑问题，所以他们说的话才更容易让人有认同感。

李安给我发微信消息，说他终于摆脱了"失业青年"的头衔，找了一份项目经理的工作。不过项目本身与他的专业并不匹配，所以想尽快上手还需要摸索一段时间。

他们公司是新兴公司，是一家类似于污水处理的专业型企业，虽说前途无限，唯一的弊端却是现阶段都是一些生手在做事。

这也是李安的 Boss 袁总异常头痛的原因之一，带着一批新兵蛋子，纵使他是教授级高工也感觉很吃力——他每天布置工作，都像是在给大一新生布置作业。

做了几天，李安对于新工作逐渐感到有些力不从心，更让他头疼的是，两天前他们就一个新项目的立项召开了一次启动会议。他发给我语音记录，说道："隔行如隔山，兄弟做得好辛苦哇，光一个会议纪要都好难记全。你听听看，这里面说的是啥？"

语音记录很嘈杂，但更嘈杂的是，里面有一个声音总是打断会议的进度，我听得也有些不耐烦，问李安："这个声音是谁呀？怎么老是插话，听着好讨厌。"他回答说："可不是，因为那哥们儿老是打断大家的讨论，才让我们更加模棱两可。"

下面是语音的部分内容。会议上，袁总耐心地跟大家讲解工作重点："这次我们要做一台设备的比选，初步选定是三家厂家，一家是山东的，一家是……"

袁总还没说完，就听到下面一名同事王景问道："袁总，我有个疑问：这样比选的结果要是都不满意，有没有可能再有其他厂家参与呢？"

"目前，总部只参照这三家的参数指标来选，其他的暂时不考虑。"袁总回答完问题，继续讲解道，"基本上来说，按照目前的检测数据，这三家都能达到标准要求，所以，我们在比选上主要考虑配套设备哪一种选型会更好。这家山东的设备需要配置……"

"那岂不是就是要做配套设备的比选吗？配套设备又分很多种，那是不是也有给定范围呢？"打断袁总的依然是"好学"的王景，这已经不知道是他第几次打断袁总的话了，其他同事都开始有些不耐烦。

袁总正准备给王景解释，坐在旁边的生产部经理先开了口："王景，你先让袁总把今天的重点全部说完，你对有疑问的部分再进行提问，可以吗？"

"我怕我记不住哇，等下就给忘记了，这不是耽误工作进度吗？"王景说得理直气壮，但其他同事可不买他的账——总是被打断的又何止是台上袁总的思路，还有他们的想法呢。

"那不是发了记事本和笔吗，你不会记下来啊？"李安这个毛躁的家伙也忍不住说了一句。

"王景，我这边给会议录了音，回头我发你一份，你没记下的地方再重新听几遍，现在还是让袁总先说吧。"项目部的小陈也说道。

王景见同事们似乎都略有微词，这才停止了"好学"的提问，最终使会议顺利结束了。会议结束后，同事们纷纷请求小陈把录音传给他们一份，他们需要补充前半部分被王景时常打断的那些内容，以便不耽误真正的项目进度。

在团队合作中，说话需要看场合，懂配合。在必要的场合，倾听比好问更让人尊重，但总有人自认为好问是认真、好学的表现，以此来彰显自己的能力。殊不知，这在别人眼中只是愚蠢的表现。

咏梅说起了前不久她带的新人悦悦，深有感触地表示，她带了这么多年的团队，最讨厌那种没能力还自以为是并且爱出风头的人。她见识过好几个这样的新人，以致到后来她都害怕带新人，只希望能招几个熟手来，大家都图个方便。

"你想得倒是美，现在熟手哪里有那么好招哇！而且，年年都有新人应聘，这种情况防不胜防。"虽然我很理解咏梅的想法，但也清楚这个设想要长久实现的难处。

悦悦是公司最近一批新人里学历最高的一个，而且长相甜美，所以她几乎一跃成为办公室的新宠儿，很快便跟同事们打成了一片。

但悦悦有个非常不好的习惯，不论是在开会时还是日常跟同事聊天，她总是想成为焦点，让所有人都围着她转，受不了一丁点儿的冷落。

周五下班前，咏梅召集部门人员开一个复盘大会，就他们团队这一周的工作进行一次总结，并对下周的工作做一个初步规划。虽然是小型会议，她却格外重视，她的一周复盘工作也深得总监的喜爱，总监想在整个公司的团队中推广，所以就顺带邀请了其他几个团队的主管旁观。

悦悦第一次参加复盘大会，她自认为学习能力一流，堪比学霸，所以对于这一周的汇报也是摩拳擦掌，想认真表现一番。而且，她听闻这次与会人员阵容庞大，如果自己能得到总监的青睐，说不定能直接跳过新人期，像咏梅那样自己带团队。

会议开始之后，咏梅先罗列了这一星期他们团队的工作任务，PPT 上一共显示有三个重点项目在同步进行，以及若干个小项目的初期工作。每个项目后面都有相应的分管负责人，她让他们依次汇报工作进度，阐明哪些完成了，哪些未完成，以及未完成的原因和下一步的工作安排，并要求预测完成的期限。

这三个重点项目中，悦悦只参与了一个，其他两个项目她一无所知，但是她内心又很希望像咏梅一样能全盘掌握团队的工作情况。于是，当咏梅说完，准备交接给分管负责人进行汇报时，她举手问道："我能申请下周同步参与另外两个项目吗？"

对于悦悦忽然提出这样的问题，在座的其他同事都有些傻眼了：这是什么情况？每个人都会有相应的任务分配到手里，因为当初所有的任务分配也是酌情考虑了每个人的能力问题，她只是个新人，可能连工作程序都还没搞清楚，就想一次性参与三个重要项目，到底是能力出众还是想象出众？

咏梅皱着眉头回答她："先让负责人汇报一下工作进度，后续会有工作安排，到时有疑问你再提吧。"

悦悦默默收回了举着的手，开始在笔记本上写写画画。

第二个项目正好是悦悦参与的，项目负责人在汇报工作进展说到一半时，就看见悦悦又举起手，还没有征得同意，她又说道："分组长刚才说的那个地方不对，那一块正好是我这周学习跟进的内容，那里的工作其实还没有做全……"

正在汇报的项目负责人瞪了悦悦一眼，脸上气得红一阵白一阵的，心想："这些不都是你的工作，进度是这么汇报了，回头还得把这些工作都补上，你自己没完成还好意思说出来！"

下面的同事开始议论纷纷，咏梅在他们之间来回观察，顺便悄悄瞥了一眼旁观的总监和其他主管，也不由得暗暗地深呼吸，生怕自己控制不住情绪。

看着同事们都在议论自己提到的内容，悦悦还扬扬自得地想，她终于成功引起了所有人的注意，在抢白的过程中彰显了自己的实力，说不定过后就会有重要任务分配到自己手里。

这场会议让所有人都紧张不已，生怕说到什么地方的时候，不怕开水烫的悦悦就会插嘴进来"搞破坏"。总监和其他主管虽然没有多说什么，但私下里也没少嘲笑咏梅"团队里怎么会有这样的货色"，气得咏梅也是一连找我们吐槽了好几天。

不随意打断别人说话，是对对方最基本的尊重。而倾听能更好地掌握整体动向，在倾听中提出经验、总结问题，才能在后续合作中突出自己的能力。否则，不仅会给人留下喧宾夺主的印象，更会引起别人的反感。

咏梅气愤地说："谁还没有过新人期呀，我做新人的时候要是这样，恐怕现在也带不了这个团队了！"

说起来，咏梅的晋升之路着实有些迅速。短短一年的时间，她便由新人成为项目主要负责人，不仅能独立完成项目，还顺便带上了自己的小助理。她说，这些都得益于她善于倾听。

咏梅说，会说话其实不在于你掌握了多少话术，而是在于你要善于倾听，并且在倾听中能独立思考。

咏梅的包里永远都有一本笔记本，从工作安排到突发奇想的灵感，特别是听到一些大小事情，她都会记录"在案"。她说："你别看我这记的事情简单，这个呀，就是我的素材宝库，指不定什么时候就用上了。"

所以，从拿到第一个项目开始，咏梅的笔记本里又多了"客户"一栏，专门记录项目沟通的过程和客户的要求。她还有一个很好的习惯，每天晚上对于一天的行动进行复盘，把思考成熟的想法用其他色号的笔记录在旁边留白的地方，既醒目又不显杂乱。

项目收尾的时候，他们团队开了一次会议，所有参与项目的人员都要依次总结或表达自己的看法，座位也是按照发言顺序布置的。彼时咏梅还是新人，轮到她发言的时候已经是倒数第二个了。

因为事先说明了发言的规则，座位也是按照项目权重来分配的，所以同事们都井然有序地总结着自己的工作和想法，没有人插话，也没有人临场插队，会议过程非常顺利。

轮到咏梅的时候，她已经记了满满当当的一大页记录，加上自己的工作内容，但她一点儿也不慌乱，完全没有做新人时的紧张。

"我刚接触这个项目不久，之前也跟着同事一起去接触了客户，所以对几个问题想表达一下我的看法……"咏梅瞥了一眼自己的记录，又补充道，"可能会有点多，所以麻烦大家保持耐心。"会议的气氛因为她的这句话而轻松了很多。

"以上就是我在这个项目参与进程中的工作内容和看法。"咏梅的总结既直观又有见地，同事们都纷纷点头认可，偶尔也有同事低头交谈看法，却没有打断她说话。

咏梅看了一眼坐在她后面的同事，又补充道："另外，因为我后面只有一位同事了，所以我想就前面同事已经说到的内容提几个看法，希望能得到前辈们的指导。"她说得谦逊又不失礼貌，而且又是关于之前的会议内容，同事们也便端正了自己的位置，重新握起笔，生怕要是提到疑问了自己回答不上来。

看到总监和主管微微点头默许，咏梅便根据顺序，对同事们一一提了自己的问题。问题不难回答，即便是需要补充也很容易解决，并不会耽误工作进度。但她提的问题却都是一针见血的重要细节，也是之前同事多少有所遗漏的部分，同事们都没有怪罪她揭露了自己的问题，而是感激她补足了自己的缺漏。

咏梅的工作态度得到了主管和同事的赞扬，她却不好意思地说："都被你们夸得不好意思了，这也没什么，我就是把之前听到的那些内容都简单地记录了下来，顺便梳理了一下思路而已。梳理中暴露出来的疑问我不懂，我又想把它们都搞懂，万不得已就只好得罪前辈们啦。"

咏梅认真严谨，加上谦逊有礼，几乎一炮打响，这不仅是因为跟她合作舒服，项目质量也能得到提高，还有就是在合作中学习了一些新能力。所以，很多同事都愿意跟她合作，她便在团队中脱颖而出，给自己铺就了一条宽畅的晋升路。

善于倾听，在倾听的过程中融合自己的思考，有理有据有序地表达自己的看法，不仅别人感觉得到了尊重，同样也是对自己能力的肯定。

戴尔·卡耐基在《人性的弱点》一书中指出六种让别人喜欢的方法，其中一条就是：做一个善于倾听的人，鼓励别人谈论他们自己。

🦌 **聊天小秘诀：**

团队沟通原则1：说话看场合，谈论懂技巧。认真倾听对方的话，不随意打断，即便想表达自己的想法也要等对方中断时再介入，并且在表达完自己的看法后，给对方继续说下去的暗示。

团队沟通原则2：在倾听过程中掌握事情的动向，梳理思考对方话语中暴露的优缺点——优点用于认可对方，缺点用于补充不足，更易彰显自己的能力。

第二章

手机和我，你更爱谁

陪伴是最长情的告白，以双方最舒服的方式相处，放下
手机，给予适当和必要的陪伴才能保持感情的温度。

1. 背对背说话

读书的时候，有一阵子很流行运动品牌 Kappa，它的 Logo 就是背对背的两个人。那时候我们喜欢叫它"背靠背"，觉得如果情侣之间能这样背靠着背坐着聊天也是一种享受，画面还特别唯美。

长大之后才发现，这样背对背的聊天，只会将两人的距离越拉越远。

唐婧发现自己和男朋友耀辉的感情越来越淡漠了，她给我留言："慕慕，我感觉好无力，我们的感情大概已经到了尽头。"没等我回复，她便自顾自地说起了他们的故事，"我知道你忙，但现在我就想找你吐槽，你看到了回我就行。"

唐婧已经很久没有跟耀辉一起约会、吃饭、看电影了，自从耀辉晋升成项目经理，他陪伴她的时间越来越少。

唐婧理解耀辉的忙碌，认为他现在的打拼无非是为了他们更好的将来，如果她再无理取闹要求他多陪她，那自己就不是一个合格的女朋友了。

网上有句话说："如果我双手搬砖就不能拥抱你，如果我拥抱你就不能养活你。"唐婧觉得，这就是她不能总是无故打扰耀辉的原因。

也就在前天，耀辉难得没有加班，唐婧便想着一起出去约会，两人却一路无话，气氛一度很尴尬。

回到家，耀辉想早点睡，唐婧看着时间才九点多，便硬拉着他想聊会儿天，哪怕半小时也好，因为他们已经很久没有坐下来好好聊天了。

"聊什么？"耀辉边看新闻，边问道。

"聊什么都行，你的工作情况啊，或者最近有什么新鲜事……"唐婧故意忽略他的冷漠，"我就是想跟你说说话，像刚恋爱那时候一样。"

"工作上也没什么事，就是最近有个项目比较棘手，所以有些忙，之后可能会好点吧。"耀辉淡然地解释道。

"嗯，我知道你挺忙的。我最近也不轻松，办公室新来了一个'空降兵'，新官上任三把火，把我们折腾得够呛。"说起了自己办公室的事，唐婧希望用自己目前的艰难处境引起耀辉的注意，得到一点儿关怀。

但耀辉根本没有注意唐婧的问题，更别提对她的关怀了，他仍在自顾自地说着他们那个项目的棘手程度，顺便抱怨实习生办事能力太差——他不光要自己忙，还要给实习生收拾烂尾工作，焦躁不堪。

唐婧只好应和他："是啊，实习生都这样，我们单位的实习生也是这样。但对新人嘛，总要有点耐心，想想自己做新人的时候也被人家这么嫌弃过呢。"她边开玩笑边苦笑，他们似乎并不在同频交流。

果然，耀辉听完就懒懒地说道："你不懂。我累了，先睡了，明天有空再说吧。"说完，也没等唐婧回应，便转身蒙头睡去了，留给她一个宽厚但冰冷的背影。

唐婧很迷茫，她说："我不知道我们到底是过了热恋期，彼此习惯了依赖，还是感情真的已经冷了下来，又不愿意重新去适应新感情，在将就着过。但是，我感觉他对我的感情就是后者，他没有那么多时间重新去找一个女孩谈恋爱，所以即便没有感情我们也能维持生活。但我不行啊，现在都没感情了，以后漫长的婚姻可怎么办？"

在我看来，唐婧的顾虑和猜疑并不是没有道理，但他们之间缺少的或许不是感情，而是好好地坐下来，面对面地进行一次深度沟通，以便真实地了解彼此的想法，乃至对他们这段感情的真实看法。

没有共同话题，长期缺少交流，各管各地自说自话，会给感情留下跨越不了的鸿沟，最终也不免使一段好感情走向分手的末路。

不只是唐婧有这样的烦恼，她有一个同学玲娜也有这样的困惑。我们一起吃饭的时候，她顺便说起了玲娜的故事。

玲娜的丈夫阿新自从承包了一项工程之后，每天早出晚归，忙得不可开交。前阵子，工地里有个民工被砖头砸伤了脚，更是让他一脸愁容。

玲娜不懂这些，她只知道老公已经很久没有陪她吃饭了，孩子很久没有跟爸爸玩了，家里冷冷清清的，一点儿也没有家的样子。

这天，晚上十点多阿新才回到家，玲娜非要拉着他陪她聊天。她撒娇地说："我们很久没有好好说说话了，你陪我聊会儿天吧，就一会儿，我就让你睡觉。"

阿新确实很累了，但他还是强撑着疲惫陪玲娜聊天，但她说的那些事着实引不起他的兴趣。

"隔壁那个张姨，她儿子考上了大学，前几天还很高兴呢，结果昨天听说她老公回家就提离婚。我隐约听见他们在房间里吵，她老公说现在孩子成年了，他们总算可以考虑自己的问题了。"玲娜闲来没事就喜欢八卦小区里的那些事，越说越兴奋，"你说她老公是不是……"

"哎，你管人家家里怎么样呢，他们夫妻吵架又不是一天两天了。"阿新对这种家长里短的事不胜其烦，转身准备休息。

玲娜一点儿也没有注意到阿新反感的表情，继续说着自己淘来的八卦："还有我们小区那个门卫小赖，你还记得吧？原来我是准备把他介绍给我表妹的，当时你还反对来着，说工作不够好，可前阵子我听说他找了个大学生呢。"

"嗯，那挺好的。"阿新敷衍地应和着，刚说完就响起了呼噜声，好像刚才那句"挺好"是梦话似的。

听着房间里的呼噜声，玲娜瞪着阿新的背影，生气了，非常生气！她还有好多话想跟他说，他却只留下一个冰冷的背影给她，这简直就是在拒绝跟她说话。

玲娜完全没有考虑到工作已经使阿新身心俱疲，她说的那些家长里短完全是在浪费他宝贵的休息时间。

玲娜越想越气，脑子里也开始胡思乱想：阿新每天早出晚归到底是真的在忙工作，还是在外面有其他应酬？这个假想让玲娜有些崩溃，不顾阿新已经睡下了，拍着他的背吼着："你是不是背着我做了什么不好的事？你起来，把话说清楚！"

睡眼蒙眬的阿新觉得莫名其妙，咕哝了一句："我真的很困，你别瞎闹了，睡吧。"

"我瞎闹？你起来把话说清楚，我哪里瞎闹了……"玲娜的声音更是高了八度。

那之后，玲娜像是神探福尔摩斯附体，开始调查阿新的行踪，搞得他头疼不已。

把玲娜夫妻的事说到这里，唐婧自己都被逗乐了，笑着说道："你说女人是不是也挺难伺候的？又要老公能赚钱，又要老公能陪聊天、陪温存，否则就容易胡思乱想。其实，做男人的也挺不容易的。"

对于唐婧的结论，仁者见仁。但说到底，问题无非就是没有经常沟通，不清楚彼此的想法，不考虑彼此的处境，这才衍生出诸多感情问题。

朋友组织春游烧烤，因此结识了卓牧和桃子这对情侣。到现在已经很多年了，他们的感情依然保持着你侬我侬的热情，就连朋友聚餐，两人都是手拉手一起来的。

朋友调侃他们："你俩行行好吧，都老夫老妻了还这么黏糊，真要命。"他俩也不反驳，只是互看对方一眼，然后眉开眼笑。朋友直呼："受不了，受不了。"

长久地保持一段感情的新鲜度，是大部分情侣相处的难点。我请教桃子是否有什么保鲜秘笈，她说："其实也没什么，就是多沟通多交流，融入对方的生活中去呗。"

说起来虽然简单，做起来却很难，但桃子有一套自己的做法。

桃子说，卓牧是公司的设计总监，之前有一次，卓牧的分析数据出了错，导致整个实验结果出现了比较大的偏差，搞得他好几天都睡不好，一筹莫展。

卓牧躺在床上睡不着觉，便跟桃子聊起了自己的实验："我仔细研究过步骤，没有问题呀，但是结果偏差很大，肯定是哪个环节出了问题。"

"会不会是换算上的问题呢？"桃子想了想，实验步骤没问题，那就一定是计算的问题了，"或者换算单位的数量级呢？但这种失误不应该呀，你都算是老工程师了。"

"换算……"卓牧若有所思，转而恍然大悟，拍拍自己的脑袋，"唉，我怎么犯了这种低级错误呢！那个公式换算还要折算摩尔数，我给忘了，一直在纠结实验步骤，我真是……"他转头就顺势亲了一下桃子的额头，"亲爱的，多亏你提醒了我。"

照理说，桃子是会计，对这类理工科的事，她是彻底的门外汉。但他们平时有一个习惯，就是有空了经常会谈一些工作上的事，桃子耳濡目染多了，也懂了许多，所以她对卓牧的工作一点儿都不觉得陌生。

"嗯，我觉得你们这样的相处模式特别好，不管是对工作还是社交圈，彼此都不会陌生，这样共同话题也多。"我听完，很赞成他们的做法。

"可不是吗，这样就不会鸡同鸭讲、对牛弹琴啦，两个人在一起的时候也舒服。不然，整天大眼瞪小眼，多别扭。"我们都被桃子的这番话逗乐了。

"那你们要是实在没话聊了呢？"有朋友好奇地问。

"怎么会呢？我们每天都在生活，每天都有新故事，怎么会没有话题？"桃子对这个问题表现得异常惊讶，事实上，更惊讶的是其他人。对呀，每天我们都会接触不一样的事物，看到不一样的景色，遇见不一样的人，能聊的话题何止千千万。

有一次桃子被主管批评，心情很差，差到她都不想说话。于是，那天晚上，他们家的饭桌上一片寂静。

卓牧跟桃子面对面坐着，抬眼就能看到她憋屈又难过的表情，关心地问道："怎么了？什么事不开心？"

"不想说话，别理我。"桃子的心情差到了极点，她在考虑要不要跳槽换一个环境，但没有决定的事，她不想说。

"来，有什么不开心的事尽管说出来，让爷我开心一下。"卓牧却一反正经的表情，调侃起了桃子。

桃子顿时气急了，瞪着眼睛想：我不开心，你还要开心？但看到对面卓牧调皮却又透着关心的眼神，她忍不住笑了出来，伸出来想拍过去的手也改成捏了捏他的脸。

餐桌上的气氛顿时轻松了不少，桃子便滔滔不绝地跟卓牧吐槽她一天的遭遇，还顺带连主管的行事风格也吐槽了一下。

卓牧耐心地听完桃子的"控诉"，见她舒坦了许多，便帮她分析这件事的一些细节。她才意识到，原来自己也有错，主管并不是一味推托责任才批评她。

心结解开了，桃子也轻松了许多，欢喜地收拾明天上班要准备的东西去了。

面对面说话时，能清楚地看到对方的表情是开心还是难过。建立在日常交流的情感基础上，能迅速捕获对方的情绪，给予他适当的开解和安慰，更能直接地解决他遇到的困难，获得他的理解和支持。

林俊杰在《背对背拥抱》里唱道："我们背对背拥抱，滥用沉默在咆哮，爱情来不及变老，葬送在烽火的玩笑。我们背对背拥抱，真话兜着圈子乱乱绕，只是想让我知道，只是想让你知道，爱的警告。我不要一直到形同陌路变成自找，既然可以拥抱，就不要轻易放掉……"

那场音乐实录里，林俊杰对歌迷说："好好地珍惜心爱的对方，好好地拥抱你爱的人，不要只能背对背拥抱。"

聊天小秘诀：

面对面交流原则 1：不论有多忙，留一点儿时间给感情里的对方，面对面聊一些彼此都感兴趣的共同话题，促进情感的交流。

面对面交流原则 2：多设身处地地考虑对方的处境，给予对方信任和支持，让对方感受到来自伴侣真切的温暖，能达到感情的升温。

面对面交流原则 3：说话时多观察对方的表情和情绪的变化，及时认真地捕获问题的关键，给予开解和安慰，能获得对方更多的理解和支持。

2. 手机和我，你更爱谁

在朋友圈看到一张特别有意思的图片，描述女生最讨厌男友的造型有三：一、趴在电脑前打 LOL；二、拽着手机打王者荣耀（最近还多了吃鸡游戏）；三、什么也不做，只是躺在沙发上或床上看电视。

如果让身边的女友再对这三种造型投票，我猜第二项会排第一。而通常还会伴随着女友的咆哮："手机和我，你到底更爱谁？"

泡芙的男朋友大米是个典型的"手机党"，走路看小说，吃饭看电影，躺床上玩游戏……用泡芙的话说："他基本上不需要我，他的生活只有手机。"

因为芊芊举办生日聚会，我们终于见到了传说中的"手机男友"大米。小伙子文质彬彬的，对泡芙很温柔，包厢里的沙发先让她坐，服务员递过来的茶水也先推到她面前……

这样的举动倒是引起了我们的好奇：大米明明对泡芙这么好，一副爱惨了她的样子，为什么泡芙老是跟我们抱怨男友不爱她呢？

泡芙并没有因为大米关爱的举动而给他好脸色看，她悄悄地跟我说："他就是一个大尾巴狼，那是装的，不信你看着。"我也只能笑笑，不接这个话茬，怕说好了她会怒，说坏了破坏他们的感情。

酒过三巡，大家都有些微醺，就放慢了喝酒的速度，开始聊起了天。这时，只见大米懒散地靠在椅背上拿出他心爱的手机，旁边的泡芙顿时脸就黑了下来，用只有他俩听得见的声音说："大家都没玩手机，你也别玩了。"

"你们聊你们的，我听着呢，再说我又插不上话，我就看一会儿。"大米一脸不在乎。

斜对面，芊芊的男友罗布眼尖发现了端倪，想化解泡芙和大米的尴尬，站起来端着酒杯想敬他们，可他们都没有发现这个局面。

泡芙只顾对着大米瞪眼，大米只沉浸在自己的手机世界里，让举着酒杯的罗布略有些尴尬。

我用手肘戳了戳身边的泡芙，用眼神示意罗布在敬酒，她这才反应过来，一边自己拿起酒杯，一边踢了踢旁边的大米。不承想，大米却把脚往里一缩，继续玩手机。

泡芙气急了，直接一脚狠狠地踩在大米的脚背上，大米迷惑地抬起头，这才讪讪地拿起酒杯。虽然罗布一直说着"没事，没事"，但我们都看得出来，要是眼神能杀人，大米已经千疮百孔了。

离开的时候，我们都悄悄地劝泡芙："冷静点，回家好好说。"但泡芙却一直念叨着想恢复单身，让我们都不禁为大米捏一把汗，看来他们之间得有一场战争了。

不知道是大米的神经比较大条，还是他的求生欲比较差，他完全没有察觉泡芙的情绪，坐上出租车后又拿出了手机。

泡芙气急了，打开窗户吹着海风，一路上两人也没有任何交谈。

车子到了泡芙家楼下，大米这才收起手机，像往常一样送泡芙上楼，却被泡芙拒绝了："以后你都不用再送我了，今天是最后一次。"

大米茫然地问："这是什么意思？"

"字面意思！再见！"泡芙转身要离开，大米拉住她的手，还没开口，就见泡芙又无精打采地说道，"你不需要我，你只需要你的手机。所以，我也不需要你了。"说完就离开了，留下还没有反应过来的大米。

　　大米有我们的微信，于是问我们："泡芙到底怎么了？好端端的干吗要分手？"自己的问题他浑然不知，我们只能旁敲侧击地告诉他，泡芙不愿意跟手机争宠，愿意自动退出。他才真正意识到他们的感情问题所在。

　　情侣之间的感情趋于稳定后，男人会以自己觉得舒服的方式对待感情，不再拘泥于情话和拥抱，只做自己喜欢的事。通常，女人的感情比男人细腻敏感，感性的女人则需要更多的沟通和陪伴，冷落只会让她胡思乱想。

　　这大概就是手机与女友之间最大的矛盾：你的时间都给了手机，就没有时间陪我了。

　　有一次我和齐先生去锅儿欢吃自助火锅，拿调料回来的时候，齐先生悄悄跟我说："你看对面角落那一对，他俩是拼桌的吗？"我翻了个白眼嘲笑他："男人也这么八卦？"但我还是忍不住用眼神去"八卦"了一下对面的那一桌。

　　桌上放着火锅和烧烤，年轻的小伙子和姑娘面对面坐着，小伙子的双手捧着手机正玩得不亦乐乎。姑娘的手里也拿着手机，左手单手用拇指一点一点地敲着屏幕，大概是在看小说之类的文字，右手拿着筷子捞着火锅里的菜，自顾自地边看边吃。

姑娘起身又拿来一些甜品和一个冰激凌，小伙子依然保持着刚才的姿势。将近十分钟，他们没有抬眼看过对方一眼，也没有说过一句话。

我对齐先生下了定论："可能真的是临时拼桌的，谁让这里不给一个人开桌呢，人家只好临时组队了。"话虽这么说，但我们都知道这也许是句玩笑话。

果然，没过几分钟，姑娘不出意外地爆发了。只见她把筷子往桌上一放，边在包里掏着什么东西，边说道："吃完这顿饭我们就散伙，以后不用联系了，好吗？"

小伙子终于抬起了头，轻描淡写地说了句："吃饭呢，别闹。"

"闹？我闹？我闹什么闹？我忍你很久了，早就受够你了！"姑娘一下子就发飙了，连带着声调也提高了不少，"上班捧着手机，下班也捧着手机，吃饭还是捧着手机，连睡觉都是抱着手机睡……这么喜欢手机，你跟手机谈恋爱去好了！"

姑娘的话惹来附近几桌顾客的眼光，也激起了小伙子的情绪，朝着她低声吼道："说得好像你没有拿着手机一样，你不也是一天到晚捧着手机，还好意思说我！"

我悄悄对齐先生说："你看，这时候男友应该好言好语哄着女友才是正确的打开方式，他这么一吼，估计他们这段感情不'死'也'残'了。"齐先生咕哝了一句"就你能"，马上遭遇到我的一记白眼。

这时，姑娘吼得比小伙子更大声了："就准你拿手机，我不能拿啊？你一直拿着手机，那我干吗？"

姑娘说着就委屈得哭了起来，周围的几桌顾客也指指点点开始议论起来，另一桌一个女孩还嘲笑她对面的男友："你看看，你再玩手机不管我，也是这个下场！"

小伙子看着舆论越来越大，服务员和餐厅主管都过来调解，自觉有些尴尬，收起手机，拿上衣服就拉着姑娘的手离开了，姑娘百般挣扎要甩脱他的手。

一场闹剧收场了，姑娘和小伙子最终是不是真的分手了我们也不得而知，但这引起了我们的深思，周围的一些女友都开始教训起男友。我笑着对齐先生说："看来这还是普遍现象啊，对不？"

齐先生也挠挠头，表示要反思一下。

造成这种现象的主要原因，其实就是双方缺少情感的交流，长久下去便会直接造成情侣之间感情的淡薄，没有了谈下去的热情，使彼此越走越远乃至分手。

对于手机和女友的权重，丁玮倒是有许多心得体会，他说："这个我有发言权，谁让兄弟我也是这么熬过来的呢。"

丁玮的前女友晓莉就是被他玩手机玩跑的。过去他是个手机不离手的男友，即便是两人坐在星巴克喝咖啡，他的首要任务也是先给手机连上 Wi-Fi——Wi-Fi 像他的保险丝一样，不连上就不安心。

晓莉离开的时候只跟丁玮说了一句话："你不如直接去手机里找一个网友谈吧，这样你名正言顺拿着手机就没人嫌弃了。"

痛定思痛后，丁玮决定一改手机不离手的作风，虽然追回前女友已经无望了，但下一次遇到心仪的对象总能好好对待，至少，即便到最后依然是分手的结局，也绝不会让手机成为分手的理由。

所以，当丁玮带着新女友安娜来参加我们的聚会时，就连安娜自己都调侃说："前人栽树，后人乘凉，我这是捡到的便宜。"

安娜姑娘性格直爽，一下子就跟我们打成了一片，也不吝于跟我们讨论丁玮的变化。

跟安娜在一起的时候，丁玮除了接电话和回复重要信息，其他时间几乎都让手机安静地躺在口袋里，专心地陪她聊天、逛街。

安娜说，跟丁玮在一起仿佛有说不完的话，他总是会找有趣的话题吸引她，跟她谈天说地、评古论今，偶尔还要八卦身边朋友的趣事。有时候她都会嫌他烦，甚至把他赶走，让他"自己一边儿玩去"。

丁玮的改变让我们都挺诧异的，没想到私底下他还是个话痨。安娜说："可不是，要是不打断他，我都怀疑他能说上 24 小时。"

但不得不说，安娜虽说嘴上在抱怨丁玮，嘴角的笑却是骗不了人的，惹得朋友大喊："救命，又被喂了一嘴的狗粮。"

丁玮搂着安娜的肩膀，得意扬扬地说："感情需要一起经营的，这不就是需要彼此多沟通多了解吗？不聊天怎么沟通，不说话怎么理解呀？"

朋友调侃丁玮："你这人就是传说中的猪队友了，游戏玩一半把队友丢下去陪女朋友聊天玩耍，就你这种人，拉仇恨的主儿。"

丁玮耸耸肩，无所谓地说："哎呀，游戏玩玩就好了，一个数据而已，女朋友才是要一起生活的人，怎么能因为一个虚拟数据就冷落了现实呢？"

"幸亏你不是打比赛的人，不然，你这种人早进黑名单了。"

　　"开玩笑，要是打比赛，那就是我的事业了，我想安娜也不会拦着我，要跟我的手机争宠了。"末了，他还腻歪地朝着安娜问，"对不，亲爱哒？"说完，他迎头就被一个朋友丢了一个枕头。

　　看着安娜笑倒在丁玮的怀里，我们都觉得这次丁玮把感情经营得挺好，平时的陪伴让安娜有了足够的安全感，再也不用为了"手机和我，你更爱谁"而烦恼。

　　经营感情需要双方共同努力，而感情的基础就有赖于沟通。主动营造说话的氛围，用彼此都熟悉的人物或事情作为话题，自然而然便会使沟通的话语多起来，也顺带着增进了彼此的了解和感情。

　　《我的盖世英熊》里说："世界上最温暖的是什么？是陪伴；世界上最有效的沟通手段是什么？是交流。"这也是一位爱穿红衬衫的大妈向我灌输过的格言。

　　在感情中亦是如此，陪伴和交流永远都是维持感情长久的法门。

聊天小秘诀：

情感交流原则 1：陪伴是最长情的告白，放下手机，以双方最舒服的方式相处，给予适当和必要的陪伴才能保持感情的温度。

情感交流原则 2：营造说话的氛围很重要。没有话题时可以寻找彼此都熟悉的事物作为话题开端，引导对方跟自己交流来促进感情的升温。

情感交流原则 3：减少独自娱乐的时间用来沟通和经营感情。如果确实非常喜欢玩手机，请带上你的伴侣一起玩，以相同爱好的方式陪伴对方，而不是冷落对方。

3. 少说两句的魅力

在两个人的争吵里，真正输的不是你少说了两句话，也不是委曲求全输了辩论的那个人，而是你的得理不饶人和不懂得适可而止——赢了辩论却输了感情，才是真正的输家。

杉杉广场的烤鱼店开业时有酬宾活动，于是我们几个吃货就相约去搓一顿，美其名曰"捧捧场"。

我们约在五点半的饭点儿集合，晓芬和她的男友佟宇却姗姗来迟。

晓芬一坐下就开始跟我们吐槽："都怪他啦！临出门了要洗头，又要刮胡子，还要挑衣服，搞得自己是来相亲似的。"转身她又对佟宇说，"你说你看上这里哪个小姐妹了，我给你们介绍啊！"

"除了刮胡子，我感觉佟宇的其他风格怎么那么像你呢？"我笑着戳穿了她。

"哎呀，慕慕最讨厌了，瞎说什么大实话！"话虽这么说，晓芬却并没有因为我揭穿她而觉得不好意思，一旁的佟宇则看了看我，一脸的感激。

我们边吃饭边聊天，两瓶大可乐很快就空了，想叫服务员再拿两瓶来，却迟迟不见有人应答。坐在包厢门边的佟宇便自告奋勇地去前台拿，我们也都欣然感激。

过了十来分钟，我们杯子里的可乐早就见了底，才见佟宇匆匆地提着两瓶可乐进来。

我们倒没觉得有什么问题，招呼佟宇赶紧坐下吃几口菜，晓芬却不开心地抱怨道："你这人做事老是磨磨蹭蹭的，拿瓶可乐有多难？你看看我们都喝光了。老实交代，是不是去外面抽烟了？"

被晓芬这么当众一说，佟宇顿时觉得有些不太好意思，但也没解释，把可乐放下就闷头吃菜，也不搭理她。但这并不能阻止晓芬继续"控诉"他的罪名。

"我跟你们说，这家伙不只现在这样磨磨蹭蹭的，平时也一样！"晓芬喝了口可乐，继续说，"人家男人从起床到出门最多十来分钟就够了，他比我们女人还麻烦，没个半小时绝对出不了门。所以呀，他是全年无休，几乎天天会迟到的。"

朋友们都捂着嘴窃笑，她又补充道："我都不知道他们公司老板到底器重他什么，这要是我的员工啊，我老早就把他给废了。"

"那你怎么不早把他废了呀？"另一个朋友调侃她。

"我这不是看他可怜吗？要是没我收留，这种男人谁要啊？你们说是不是？"晓芬大概觉得自己还挺讲义气的，丝毫没有顾及旁边佟宇的感受和处境，继续吐槽他的日常。

听多了晓芬怨妇式的抱怨，珊珊第一个忍不住出声制止："行啦，你少说两句吧，拿瓶可乐而已，能被你抱怨到地球终结去，你累不累？"

"你不懂……他长得不是特别帅，性子又这么温吞，我都怀疑自己看上他什么了……"

眼看着晓芬还是刹不住车，一直在一旁沉默不语的佟宇站了起来，对我们说："不好意思，我还有点事，先走了，你们慢慢吃。"

佟宇没有询问晓芬的意见，说完就径直走了，留下一脸错愕又尴尬的晓芬。身为朋友，我们也觉得她说得有些过分，想收场可能要下一番功夫了。

喋喋不休地公然指责对方的问题，对双方感情的促进没有任何帮助，只会损伤自己的面子，此时"少说两句"就是息事宁人的关键，是退让——退让不代表着输，这是对对方的尊重。

在我眼里，丹薇和陈升是一对相爱相杀的情侣，他们的相处模式异常怪异：其他情侣都是你侬我侬的柔情，他们则不是在吵架，就是在酝酿吵架，很多时候我们都不禁要替他们捏把汗。

起初，丹薇还会找我们开解，后来次数多了也就皮了，我们不问，她也懒得吐槽。但要是谁开口起了一个头，那她说起来也是没完没了得起劲。

"姐妹们，这回真完蛋了，他好像真的生气了。"丹薇给我们留言，不用问也知道这个"他"肯定就是陈升了。

芊芊私聊我："看吧，我怎么说来着，早晚有一天陈升会被她作死作没作散的，以后请叫我芊大仙。"

上个周五晚上，丹薇跟陈升相约第二天晚上一起看电影《哪吒之魔童降世》，要他提前买票。晚上吃饭的时候，陈升才想起来要买票，他选好座位准备付款时刚好来了一个电话，挂了电话之后忘记点付款确认。

周六晚上，丹薇和陈升在影城附近吃饭。饭吃到一半，陈升才想起这事，打开猫眼 APP 一看，糟糕，今天的场次都爆满了，更别说想选座位了。看着坐在对面正吃得欢腾的丹薇，他几乎能预感到一场暴风雨的到来。

"那个……薇薇，要不，我们晚上逛街去吧，明天晚上再来看电影？"陈升的求生欲前所未有地强烈，他真的已经吵累了，不希望每次都是小事化大，大事化炸。

"不行，说好今晚要看电影的，我不想随意改变行程，再说今天我也没有逛街的欲望。"丹薇不买账，果断地拒绝了陈升的提议。转念一想，她立刻意识到问题，不高兴地问："你是不是忘记买票了？"

"昨天晚上，当时我正在买票，有个同事打电话跟我说了点儿事，挂了之后我不是找你聊天了嘛，就给……忘了。"陈升边解释，边仔细观察丹薇的表情。

丹薇听完，不高兴地把筷子往桌上一甩，吼道："哪儿那么多理由哇，你分明就是一点儿都不在意我们的事！"

"这怎么就变成我不在意我们的事了？一码归一码，你讲点道理好不好？"陈升听丹薇这么一说，也有些急眼，"你干吗每次都要把话说得这么重，把事情放大呢？不就是没买今天的电影票吗，那电影明天也能看，我不是说了明天陪你看吗？你还想怎么样啊？"

"我想怎么样？你还有理了是不是？"陈升不说话还好，这么一说，丹薇更气了，说话声也大了起来，引来周围顾客的侧目。

"也没什么大不了的事，要不要发这么大的火啊？"

"这样的女朋友怎么受得住，要是我呀，早甩在800米外。"周围顾客窃窃私语，那些话钻进两人的耳朵里。

陈升感受到周围的目光，略有些尴尬地说："薇薇，咱们都少说两句，回家说好吧？你看这么多人……"

"干吗回家说？丢不起这个人吗？我偏不！"丹薇正在气头上，哪里肯就这样放过陈升，非要他说出个所以然来才肯罢休。

"那你小点儿声，咱们好好说，行吧？"陈升的脸上有点挂不住了，他不希望他们吵架时有这么多"观众"。

"我说话就这么大声，不爱听你可以走哇。"丹薇继续吼着。

没想到，话音刚落，陈升还真就起身拿衣服走了，留下丹薇一个人傻傻地坐着。这时她才发现，周围的顾客都在朝他们这边看，还有窃窃评论的。

周围顾客的指指点点让丹薇如坐针毡，她以为只要自己还坐在这里，陈升就会回来哄她，但左等右等也不见他出现，她才惊觉这次可能真的惹恼了他。

情侣之间因为一些事而发生争吵实属平常，但如果不及时压制冲动，体会不了少说两句的魅力，最后很可能就会演变成得不偿失的结果，乃至两败俱伤。

　　相较于丹薇的低情商，我就比较佩服芊芊和罗布这对情侣的相处模式。他们很少吵架，即便偶尔发生争吵或摩擦，也能及时冷静下来进行沟通，而不是像丹薇那样脑袋一热，什么伤人伤己的话都往外蹦。

　　不仅如此，在朋友面前，他们也从来不说攻击或贬低对方的话，反而是不停地夸对方的优点，我们经常说他们是"虐狗两人组"。

　　印象中，芊芊和罗布唯一的一次吵架，就是因为当时他们结婚的事。

　　任何人都把婚姻看得格外隆重，芊芊也不例外，而且她觉得，哪怕是登记也需要有仪式感，所以她挑了一个特别有纪念意义的日子。

　　偏巧，那天是罗布和上海一位客户约定商谈项目的时间。那位客户是他们公司标记的星级客户，很难约到，罗布托了不少关系，也花了很多精力才约到了，他不想就这样错过。

　　工作和感情的碰撞，往往让人难以抉择。

　　"亲爱的，要不我们换一个其他有意义的日子？"罗布第一次小心翼翼地征求芊芊的意见，他知道结婚对于一个姑娘的意义。

"可是，这一天是我们恋爱的日子，如果再加上是我们登记的日子，你看，多有意义！"芊芊不想轻易舍弃这个有纪念价值的日子，"结婚是大事，我想你的客户也能理解吧，你要不跟他商量一下？"

"我约了大半年才约到这位客户，如果临时改期，不知道会不会影响之后的合作。"罗布极力劝解，"你看，我们还有很多纪念日可以选择，不如挑你生日那天怎么样？以后你生日那天就是我们的登记纪念日，多好。"

"好吧，勉强接受了。"这个日期虽然有些差强人意，但芊芊认可了，罗布也安心了。

结婚登记的事像个疙瘩一样憋在芊芊的心里，让她总有种说不出的难过，始终觉得少了点儿什么。

这事过后不久，却不承想，一波刚平一波又起。

芊芊和罗布已经跟婚礼司仪说好了要采用中式婚礼，却遭遇了准婆婆的反对，婆婆的原话是："年轻人结婚还搞这么复杂，找个司仪在台上说两句就要万把块，太浪费了。"

这回芊芊可不想退缩了，一辈子就办一次婚礼，还不准这个不准那个。再说了，双方条件都不差，这点儿费用完全在承受范围之内，她说什么都要把婚礼办得隆重点儿。

罗布第一次真切地感受到"婆媳问题是千古难题"的煎熬，看媳妇和母亲两人都在努力说服对方，他夹在她们中间一个头两个大，朝着她们说道："你们俩都一人少说两句吧！"

听罗布这么一说，芊芊没有继续跟准婆婆纠缠。母亲看儿子发话了，也怕他在媳妇面前为难，也闭了嘴。

"妈，结婚就这么一回，您就遂了芊芊的心愿吧。"罗布看了芊芊一眼，继续说道，"之前她已经为我改了登记的日子，这么好的姑娘，我不能总委屈她呀！"

后来，芊芊跟我说："那一瞬间，我觉得我嫁对了人。"

情侣之间产生矛盾时，要懂得用"少说两句"控制情绪，欣赏对方的优点，也适时反省自己的问题。在沟通中增进感情，也是维持感情稳定的方式之一。

少说两句，自有道理。这不是让你沉默，也不是不给你抱怨的机会，而是能让你知道凡事都应该适可而止，不致被冲动蒙蔽了双眼，让你在冷静中反复推敲自己化解怒气的能力，更能展示你的语言魅力。

聊天小秘诀：

吵架交流原则1：给予感情基本的尊重，不在公开场合指责对方。如果一定要说明问题，也请以友善的方式指出，而不是公然地议论，甚至不留情面地讨伐。

吵架交流原则2：就事论事，不要随意因为一件事而引出其他问题。冷静后再沟通，从根本上解决双方之间的矛盾，而不是"炒冷饭"，翻出已经过去的问题，这更容易引起对方的反感和不满。

吵架交流原则3：适当控制自己的情绪，多欣赏对方的优点，反省自己的问题，能制止矛盾的扩大和蔓延。

4. 动什么也别动隐私

看过《奇葩说》第一季18进12那一期的观众，大部分都被马薇薇的神级辩论震撼到了。我记得那一期的辩题是：情侣之间该不该看对方的手机。

马薇薇说："都说女人是男人身上的一根肋骨，你跟你的器官讲隐私？"这句话，为他们那一方赢得了13票的观众。

但是，在我看来，尊重别人隐私的同时也是对自己的尊重，因为每个人都需要一个属于自己的留白小天地。

七七的同事小敏最近遇到了烦恼事，她的男朋友李凌最近行踪很可疑，他们已经连续好几个周末没有约会了，问他去哪里，他也是含糊其词。她问七七："我要不要采取一些措施？"

　　七七是个固执但又热情的人，我知道她想帮小敏出谋划策，但并不建议她去蹚这浑水。七七却觉得既然小敏信任她，愿意找她开解，她就有义务帮人家排忧解难。

　　于是，在得知李凌的手机是 iPhone8 plus 之后，七七强烈建议小敏去开启"查找朋友"功能，开通了就能随时定位，全方位了解李凌的行踪。

　　小敏犹豫再三，决定先缓缓，观察一段时间再说。

　　又一个周五的晚上，小敏约李凌周六去踏青，但李凌又拒绝了她："明天我们公司搞活动，要去福利院慰问老人。"

　　这已经是李凌第二次提到去福利院了，上一次小敏的反应还让他记忆犹新："福利院这种地方有什么好去的，还不如多留点儿时间陪我去逛街。"

　　果然，现在小敏一听又是去福利院，完全不感兴趣。李凌说这是他们公司的活动，她就算再多疑也不可能去向他的老板求证，她便暗暗按下了自己的疑问，但心里已经把七七的建议提到了议程上。

　　寻摸了很久之后，小敏终于逮到了机会，她神不知鬼不觉地在李凌的手机里安插了自己的"眼线"。她还特地差遣他去街对面买现榨饮料，自己则在原地开启"查找好友"功能测试定位的准确性。

　　有了"眼线"的帮忙，小敏有事没事就打开 APP 关注李凌的动向，似乎这样才能让她安心。

渐渐地，小敏对 APP 的依赖已经接近病态，不打开关注就浑身不自在。

看到李凌在步行街附近，小敏就发消息让他带杯奶茶和绝味鸭脖回来；看到他在广场附近，她又发消息说带个DQ（冰激凌）回来；有一次看到他在一家网红店附近，索性让他带点网红甜品回来……当李凌有了疑问，她推说是巧合，跟他心有灵犀，所以能感觉到他在什么位置。

这样的"巧合"多了，也难免引起李凌的猜疑：这世界上哪有这么多的巧合？

李凌是做 IT 业的，他立刻就想到了手机定位。但要开启手机定位需要一些程序，还要输入官方发来的验证码……结论不出所料，让他有些恼火——小敏私下里打开过他的手机，而且定了位，她随时都在"跟踪"自己！

这天下班后，李凌找小敏当面对质，她却不以为意："我是你女朋友哇，看看手机怎么了，想了解你的动向有错吗？我这是关心你！"

"那是我的隐私！"李凌气得脸色都变了。

"男女朋友之间要什么隐私……何况我也没干什么，就是想看看你在哪里。你看，我知道了你的位置，还能让你顺便帮我带点儿吃的喝的，多好。"

"一点儿都不好！"李凌气极了。

小敏觉得自己没有错，一想到自己会这样做的初衷，又看了看李凌生气的表情，顿时觉得委屈，说道："周末你老是很忙，问你去哪里了你也不回答我，我没有安全感才这样做的。"

听着小敏的委屈，李凌顿时觉得啼笑皆非，解释道："我在福利院做义工，之前让你跟我一起去，你不是不高兴还说了我一顿吗？后来，我只想耳朵清净一下，就只能跟你说忙了。"但对于她的行为，他依然表明了自己的观点，"你可以直接跟我说明白，这样做可能会更好，现在偷偷摸摸地搞监视让我觉得很不舒服。"

小敏也觉得自从依赖上"跟踪"，自己的关心已经接近病态，现在当着李凌的面解开了手机绑定，这场闹剧才在他们之间告终。

感情建立在互相信任的基础上，不轻易触碰对方的隐私是最起码的底线，坦诚的沟通是打开信任的正确方式。

蕙子是个很作的姑娘，楚秦第一次带她来聚会时，就被我们集体鄙视了一遍。但是他不在意，一副"我惯的，怎样"的表情让我们直呼受不了。"毒舌"静妞私下悄悄地诅咒道："你们看着，他们早晚会分。"

果然，没过去半年时间，楚秦说他又恢复单身了。

楚秦说："蕙子所有的作我都能忍，但她偏偏要挑战隐私这条底线。你们说，哪个人还没点儿秘密？还非得闹个尽人皆知，现在我都没脸在公司混了。"

蕙子的作，是那种公主病的作——每天她的主要任务就是取悦自己，从着装到妆容。于是，楚秦每天早上要等着她磨蹭化妆，哪怕公司对他的迟到已经很有意见了，他也无所谓，大不了换一家离家近点的公司，每天照样可以送她上班。

但蕙子无暇关心楚秦，甚至连他换了工作都不清楚。在她眼里，他们的日子没有变化，他依然每天送她到公司楼下之后再去上班。

楚秦刚来到新公司，工作不敢怠慢，所以，在公司提出要他去外地公干一周的时候，他没有向蕙子汇报便应承了下来。

当时，楚秦还给我发消息说："我感觉蕙子可能会生气，因为我从来没有离开过一周这么长的时间。"我是真想抽他几下，说整天儿女情长的男人能做什么大事？楚秦思量一番，是这个道理，就心安了许多。

出差那天早上，楚秦打点完行李正准备出门，却听到蕙子喊道："等下，我跟你一起走。"她难得没有在妆容上花费很长时间，竟然赶上了跟他一起出门。

楚秦在地铁口买了两份早饭，但直到蕙子到了自己的站点下车，他也没有把早饭交给她。这让蕙子觉得非常不可思议！

出差的行程排得满满当当，楚秦只有到晚上十点以后才有时间联系蕙子，就连她发给他的消息都要过几个小时后才回复。

蕙子细细理了一下这次楚秦出差的过程，她觉得他太反常了，这更像是陪着其他人在旅游度假，根本没有闲心理会她了。

随着工作渐渐上了正轨，楚秦也越来越忙，他规划着他们未来的生活，但这些在蕙子看来都是不正常的——加班，不正常；出差，不正常；就连不是在她面前接的电话，都不正常。蕙子越观察，越觉得有问题。

楚秦忙碌了一天早早便睡了，蕙子偷偷拿着他的手机溜到客厅，开始查找蛛丝马迹，从微信到短信，从钉钉到OA，但凡楚秦手机上有的社交工具，都被她翻了个底朝天。

有两个女同事经常跟楚秦有文件往来，这条线索引起了蕙子的注意。她正在认真地查看，没有注意房门口楚秦愤怒的表情。

"蕙子！"楚秦打断了蕙子的偷窥行径，吓得她差点失手把手机摔了，"你在查看我的手机？"

"嗯……我看你最近比较累，想知道你在忙什么。"眼看着无法抵赖，蕙子索性就大方承认，然后话头一转，"我这也是在关心你呢。"

与其说是关心，不如说是不信任。楚秦有些恼怒："你可以直接问我，现在这样做是不尊重我！"

听楚秦这么说，蕙子也不高兴了："我不尊重你？那你老是跟女同事暧昧不清，你尊重我了吗？"

"我什么时候跟女同事暧昧不清了？"楚秦觉得莫名其妙。

"多的是！"蕙子气极了，公主病也跟着发作，"上次你出差时，买了两份早饭给谁了？每天说忙忙忙，都跟谁在一起？还有，聊来聊去都是那几个女人，跟她们都什么关系啊？你倒是说清楚！"

"我那都是工作！"蕙子的怀疑，让楚秦很生气。

"谁知道，我又不是一天二十四小时都跟着你。"蕙子说。

"我出差都有记录，加班也都有打卡记录，你要是不相信，你自己去我公司查看好了。"楚秦生气地说，"你可想好了，查看完没事的话，你就好自为之。"

蕙子觉得那只是楚秦威胁她不去查看的理由，更加深了对他的怀疑："好自为之就好自为之！"

第二天，蕙子请了半天假跟着楚秦到了公司，在众目睽睽之下把他的那些考勤、出差记录全给翻了出来，同事们都议论纷纷，楚秦则觉得丢脸至极。

等到蕙子全部证实了一遍之后，想哄楚秦别生气时，楚秦毫不犹豫地提出了分手。

不要去随意窥探伴侣的隐私，他愿意告诉你和你自己挖掘存在本质上的不同，而把隐私公布于世，更是在挑战对方的底线，结局一定不是让人乐意看见的。

议论起关于隐私的话题，陈栋的女朋友絮安笑着对我们说："能在陈栋身上看到他对我的尊重，这样的感情让我觉得特别舒服。"

陈栋和絮安谈了几年恋爱，刚买了新房准备搬家，原来租的房里有很多东西需要打包，他们只能慢慢整理。

这天，陈栋在整理书房，一本红色的铁塔笔记本掉落在眼前，里面花里胡哨的文字和手绘吸引了他，他翻看后才知道那是絮安的日记本。

恋爱这些年，陈栋从来不知道絮安有写日记的习惯。既然知道了是日记本，陈栋便立刻合上了——日记是极其隐私的东西，没有经过絮安的允许，他不能随意翻阅。

陈栋按照原来的排列顺序依次将那一叠书放进纸箱里，抬头发现絮安站在门口正对着自己微笑，慌忙解释道："我保证我没有看，刚开始不知道是什么，觉得挺好看的才翻开几页，但是看了一眼我立刻就合上了。"他边说，边举着手做发誓状。

絮安走近陈栋，握住他正发誓的手，感动地说："我都看到了，谢谢你。"

陈栋对絮安的这声"谢谢"感到有些莫名其妙，就见她低头又说道："我应该跟你说声对不起，之前有阵子我们吵架，你对我的态度很冷淡，我怕被人乘虚而入，偷看过你的手机……"

"我知道哇！"陈栋的回答让絮安很意外，他拍了拍她的手，说道，"也谢谢你今天对我的坦诚。我不知道你看过几次，但有一天晚上我醒来看到你在翻我手机，这事在我心里也像个疙瘩一样缠了很久，不过现在已经没事了。"说完，他还不忘抱了抱僵硬的絮安，以示安慰。

絮安对陈栋温柔地说："那以后我们有什么事情都要直接说，好吗？这样猜来猜去更累呢。"

"好！"陈栋毫不犹豫就答应了。

对于这样的要求，陈栋自觉没有理由反对，絮安尊重他，他也一样尊重她，感情就应该相互尊重。

听完絮安的话，我调侃陈栋："你小子长进不少哇，想想读书的时候，问都不问就直接拿我们抽屉里的笔，还要顺便把那些藏得绝密的试卷都晒出来……说好的八卦之心呢？"

陈栋摸摸头，憨笑道："你别取笑我了，那时候不是年少无知嘛。"

虽说是玩笑话，但也由此能看出陈栋和絮安的相处模式比之楚秦要好很多。楚秦叹气道："如果蕙子也能像你们这样尊重我，那就好了。"

隐私是一个人生活的一部分，是即便相爱也要保有的私人空间。所以，从本质上说，没有人喜欢把自己的隐私暴露在外，也没有人喜欢一个过度挖掘别人隐私的人，即便那个人是你的伴侣。

有人说，尊重是维系婚姻关系的重要因素。而相互尊重，最重要的一点就是尊重对方的隐私。

当然，我觉得尊重自己的人，同样不会对别人的隐私感兴趣。

🦌 **聊天小秘诀：**

隐秘交流原则 1：遇到信任的考验时，不用刻意隐瞒，也不用刻意追踪，彼此坦诚地提出自己的疑问，在沟通中解惑，远比窃取隐私更友善。

隐秘交流原则 2：学会懂得把握彼此秘密的度，与对方分享自己能共享的秘密，也学会保护自己与对方不能共享的隐私。

第三章

躺在电话簿里的好兄弟

友情不能随意被利用，更需要时常维护，否则再铁瓷的
关系也可能沦为"塑料兄弟"，一碰就碎。

1. 烧烤摊上的聊友

有句话说："酒逢知己千杯少，话不投机半句多。"很多人都会说这句话，但不是人人都能真正体悟它。

我们身边依然有很多人整日厮混在狐朋狗友中，浪费着自己的宝贵时间和金钱，他跟你喝着"千杯少"的酒，却未必是你的知己；跟你说着"半句多"的话，你还以为他很贴己。

现在，倒不如真正审视一下自己的朋友圈，给朋友也做一下合理的减法。

有一天，尹毓跟我说："现在我想起来，还很庆幸那天嘴馋，风雨交加也阻挡不了我对美食的执着，不然也不可能认识阿布了。"她和阿布是在烧烤摊结缘的，一对相见恨晚的聊友。

　　夏天的海边经常有暴风雨这种恶劣的天气，尹毓却发来消息："吃烧烤去吗？"

　　"姑娘，你这吃货当得比我可敬业多了。"我忍不住调侃她，"这种天气，我宁可窝在家里看书。"

　　"行，那你窝着，等下我发照片给你看，就当是跟你在吃。"尹毓没有因为我的拒绝而断了当一个敬业吃货的念头。没过多久，她还真的在朋友圈发了一张独自吃烧烤的照片，配的文案是：暴风雨也阻挡不了我对美食的执着。

　　因为下雨，烧烤店不能在露台摆餐桌，所以，小小的店铺里只有两张简单的单人餐桌放在走廊处。阿布进来的时候，尹毓已经霸占了靠里面的一张桌子，她只能在外面那一张桌子前坐下。

　　从严格意义上来说，尹毓和阿布算是高中校友，但尹毓读书时是校园的风云人物，阿布则是默默无闻的小透明，彼时她们并不完全认识对方。

　　"你……是不是以前 S 中毕业的？"阿布率先开口询问，她觉得尹毓很眼熟。

　　"是啊，你也是吗？"尹毓没想到此时还能遇到认识的人，一个人吃烧烤太无聊，便招呼阿布一起拼桌，"你也一个人来吃夜宵吗？来来来，我们坐一起吧。"

　　两个姑娘因为同为执着的美食追求者而有了许多共同

话题，细说下来才知道，差不多这个城市的所有网红店都有她俩的足迹，两人顿时就有相见恨晚的感觉。

"西大街那家锅贴店特别赞，而且他家的那个牛肉炖粉条是我吃过最好吃的了。"尹毓恨不得现在就跑去西大街吃上几口。

"嗯嗯，以前我就在那附近上班，有时候午饭没着落，又不知道吃什么的时候，我就会去他家吃呢。"阿布回应着尹毓，"说起来也有阵子没去吃了，下次一起去呀？"

"好哇！"难得碰上能组团的吃货，尹毓高兴坏了，"吃完再去对面那条小弄堂里吃芒果沙冰，人生真是圆满啦。"

"是不是那家叫糖纸的呀？"看着尹毓闪亮的眼神，阿布就知道自己猜对了。"他家的分量超足的！"尹毓兴奋地点头。阿布又说道："还可以去试试东大门那家的麻辣烫，还有串串烧，关键是他家的汤料很正宗呢。"

"完全没有问题！"尹毓已经不知道该怎么形容自己今天的运气了，原本以为一个人无聊地跟美食做伴，却意外"吃"出一个志同道合的聊友。

临走时，尹毓和阿布互留了手机号码和微信，约定下次一起去吃遍这座城市，绝不放过每一个角落的美食。

有人喜欢独处，因为群聊时话语嘈杂，反而会心生厌恶；有人喜欢群聊，但聊了很多仍然找不到自己热衷的话题。其实，他们都只是败在了"话不投机"上。

所谓聊得来的朋友，就是即便时间很贵，也让人相处起来不累。他们之间必然会有共同话题，乃至相似的价值观。否则，你一定不会想跟他聊第二次。

我的几个朋友偶尔也会组织大家去烧烤摊吃烧烤，配点啤酒和饮料，坐在露天的场地上聊天、撸串。我参加过两次，环境太嘈杂，个人不是很喜欢。但他们说，这是增进友谊的一种方式。其实，这个道理我懂，但还是看时间和心情有选择地参加。

大力算是我们聚会时的常客，细数下来，他就没有缺席过，基本上每次都在。后来，有很长一段时间我都没有再见到他，阿木说："人家力总现在牛气了，不愿意跟我们这帮劳动人民厮混了。"

我没听明白这话的意思，赶忙向身边的阿尧求证，他这才告诉我事情的经过。

之前，大力只是一名普通的销售员，公司里那些隔三岔五的回馈客户活动，他都是看心情参加，但不知道怎的，忽然就升职成了销售主管之一，手里还带了几个"小弟"。

听闻大力升职加薪，朋友们便开始起哄，都嚷着要为他庆祝，但每次打电话过去约他，他只是说一句："兄弟最近很忙很忙，忙过这阵子好吧？"

说到这里，我大概也能猜到后续了。阿尧笑道："那帮人也是挺有办法的，一个两个给大力打电话都被拒之后，也不死心，基本上就是'车轮战'，直到他同意为止。"

我笑道："这啥呀……一帮无赖呀？"

大力拗不过朋友的"执着"，挑了个难得不加班的晚上参加聚会。吃完晚饭，他们非吵着要续摊，续摊地点还是原来的烧烤店。

"既然大力上班又忙又不愿意请客，你们就不要老是纠结着让他来买单了。"不只是大力，连我也觉得他们有些过分了。

听我有些反感，阿尧忙辩解道："唉，你是不知道，之前我们已经聚会多次了，大家都觉得 AA 制有些麻烦，于是都默认轮流请客，但每次一圈轮到大力那小子，他就找借口不来了。时间一长，说实话大家也都有些意见，所以这次趁他升职加薪非逼他请一次不可。"

我点头表示自己误解了他们。

但那次烧烤摊一别，大力再没有出现在这群朋友的任何聚会中，连朋友的电话也被屏蔽了，除了朋友圈能看到他刷屏式的广告推广，他的"本尊"像是人间蒸发了。

再见到大力的时候，依然还是在那个熟悉的烧烤摊。

我们一群人坐在那里聊得正开心，就见他一脸尴尬地走过来，满脸堆笑地说："这么巧哇，你们都在呀？"一边说着，一边作势想坐下。但没有人理他，也没有人让座。

这下，大力更尴尬了，站在旁边留也不是，走也不是。

我原本想调节一下气氛，正准备往旁边挤挤让出一个空位，被一旁的阿尧拉住，他给我使眼色不要管这事。

"这是大力自己咎由自取，之前大家都把他当朋友，有好事都会通知他，他自己升职加薪了就摆起了臭架子，那就别怪兄弟们不给面子了。"阿尧小声地对我说，"再说了，那次让他请客也不是什么过分的事，我们都已经请了好几轮了……"

大力看着一桌子原本相谈甚欢的朋友，现在一个个看他都像陌生人，顿时觉得挺无趣，本想留下聊天的心情也一时全无，便简单打包了一些烧烤离开了。

任何形式的聚会，都只是增进感情的一种方式，更多的是通过保持联系、互相交流达到维持友情的目的。那些话不投机、摆架子的人，也不会总有人热脸去贴冷屁股，给自己找不自在，长此以往就只有等着被朋友疏离的结局了。

这群朋友中，华雨算是参加聚会比较少的朋友之一，但神奇的是，朋友们并没有因此而疏远她，反而一见面比平时总在一起的朋友更显得热情。

之前，华雨所在的证券公司在另一个区，原本每天上班都需要坐一个半小时左右的公交车，她嫌每天来回麻烦，所以工作日通常都住在她姑姑家，只有周末才回家。

对于我们经常聚会吃夜宵，华雨既羡慕又无奈，她常说："我经常不能来，你们会不会不要我了呀？"虽然乍听上去华雨有这层顾虑，其实，她却是时刻在维护朋友之间的关系。

那天，我们照例约了几个朋友吃夜宵，因为是周末，于是特地给华雨打了个电话，她十分爽气地就答应了。

"哎，不好意思，迟到了迟到了。"当时，阿木到烧烤摊时已经迟到了，看到华雨也在场，立刻就热情地坐在了她身边，"小雨也在呀，正好！"没等她反应过来，他已经开始滔滔不绝地说了起来，"上次我跟你说的那件事，后面又有了神转折啦……"

我们一群人看他们在说新鲜事，因为不知道事情的始末，也不方便接他们的话茬，就看他们聊得火热。

有了大力的前车之鉴，再看看阿木对华雨的热情，我也想向华雨取经学习人际交往秘笈，我问她："小雨，你这是有什么秘笈吗？"

"也没什么秘笈呀……"华雨有些茫然。

"那是你跟阿木在谈恋爱？"阿尧也问道。

"没有没有，绝对没有的事！"华雨忙不迭地澄清，转而恍然我们的疑惑从何而来，"你们说的是那件事啊……那个是那天阿木在微信群聊的呀，你们不是都没有理睬他嘛。"

我们才想起来，那天群里出奇地安静，阿木冒出来说："亲们，我跟你们说件奇葩的事……"原本他等着我们问"什么奇葩事"，但不知为什么，竟然没有人接话茬，他又说道，"你们好歹理一下我，让我有说下去的激情啊！"

大概是嫌自说自话太无趣，阿木没有说下去，后来也没有人再问起。

事实上，看着群里没有人回复阿木，华雨也不好意思从群里冒出来，便跟阿木私聊："什么奇葩事？连你这个经常两耳不闻窗外事的人也燃起了八卦之心？"

阿木得到了回应，沉寂的心闹腾了起来，打开话匣子开始说起来……他怕华雨听得无聊，还时不时地跟她互动，讨论感想。

聊天次数多了，阿木越来越习惯跟华雨私聊，不论是工作上的困扰，还是日常遇到或有趣或奇葩的事情，都会跟她聊上几句。华雨也会根据自己的想法跟他进行探讨，两人因此成了无话不谈的好朋友。

"其实，朋友也不是特地非要维护到某种程度，只是在我的心目中，那些想维持朋友关系的人，我都会经常保持联系，即便不经常见面，也经常用聊天工具进行沟通。"华雨认真地对我说，"我不信什么君子之交淡如水，不联系的感情真的会被淡忘，日子久了大概就只能是'距离产生美'了。"

把握跟朋友的亲疏距离和交往频次，对于那些关系亲近或值得深交的朋友，即便不是经常见面，也要保持日常沟通，以增进彼此的感情。

亦舒在《随意》里说："一个人在家看电视并不算寂寞，苍白地坐在话不投机的人群之中，才真正凄清。"

聊天小秘诀：

日常维护原则 1：关注朋友的爱好，能大致记清朋友感兴趣的话题，聊天时尽量挑共同话题去展开讨论。

日常维护原则 2：不要强迫朋友一定要适应你的节奏，但如果一个朋友一直适应不了你的节奏，那就是真的合不来，你也不用勉强。

日常维护原则 3：把握聊天的频次和节奏，有事的时候跟朋友直接说，平时没事也可以闲聊、聚会，不致使彼此的感情淡薄。

2. 沉默不是金

沉默呀，沉默！不在沉默中爆发，就在沉默中灭亡。

鲁迅先生的这句话广为人知。沉默似乎总是跟谦逊稳重搭边，但把"沉默是金"奉为名言警句，必有所失。但你有没有发现，细细咀嚼，所谓的爆发就是让你不要沉默，而灭亡才是沉默的最终结局。

在八目书局偶遇刘琦，他一脸苦恼的模样，没头没脑地问了我一句："你跟朋友都是怎么相处的？"

"也没怎么特意去相处哇，有时间了出来喝喝咖啡吹吹牛，平时偶尔在微信、QQ上聊几句。"我随意回答了他的疑问，"有时候也怕打扰他们，毕竟朋友在一起没什么芥蒂，我们一打开话匣子聊起来就会没完没了。"

没想到就是这句话刺激了刘琦，他唉声叹气说起了最近跟朋友阿超发生的矛盾。

几天前，刘琦和同事小李在工作上有了一点儿摩擦，间接导致他被副总叫到办公室"喝茶"半个多小时。虽然副总没有严厉地指责他的过失，但这是他工作以来第一次被领导谈话，心里难免有些不痛快。

"你们都是老牌高工了，该好好给新人传授一些知识、技巧，不要老是藏着掖着，以后多带带新人吧。"副总这么说，刘琦却更郁闷：平日里让小李对不懂的地方多提问，小李总是一副"我都懂"的模样，现在反而变成自己自私小气了。

临近下班，无力吐槽的刘琦便想约朋友阿超一起吃晚饭，在他看来，跟朋友在一起是最轻松的状态，哪怕沉默不语都好过跟不喜欢的人喋喋不休。阿超接到刘琦的电话，欣然同意了他的邀请。

"嘿，下班高峰期真是堵。"阿超对自己的迟到颇有些抱歉，看刘琦一脸郁闷地坐在座位上发愣，便想着挑点轻松的话题来缓和一些，就轻拍他的肩膀说，"别发愣，来，走一个，咱兄弟俩很久没喝酒了。"

"甭提了，今天被我同事小李郁闷得不行。"刘琦拿起酒杯一饮而尽，"这办公室里的潜规则，兄弟我真是吃不消。"说完，他又闷闷地灌了一口。

"那还用说，不然我也不会出来当自由职业者了，就是遭不了那个罪。"阿超深有同感，"不过我是无所谓，毕竟当时只是个临时工，一个月也就挣那么点儿钱。可你不一样啊，正儿八经的工程师。"

"有什么用？关键时刻还不如一个实习生。"刘琦想起中午的事就郁闷至极，副总的训话犹在耳边。

"话不是这么说，年轻人毕竟阅历浅，难免有眼高手低的，有时候需要多担待一点儿。"阿超不了解事情的始末，听闻是实习生"得罪"了刘琦，便如此安慰他，心想着也没什么大不了的事，找兄弟说出来吐吐槽，应该马上就会好了。

没想到，刘琦唉了一声之后，沉默不语没了下文，自己光顾着喝闷酒了。

包厢里一下子安静了下来，看着刘琦自顾自地喝，阿超反而觉得有些尴尬，只好说道："来来来，别顾着自己喝，有什么不开心的跟兄弟说，今儿个我给你当一回垃圾桶，吐吐心里的不痛快。"

"也不知道怎么说。"刘琦摇摇头，自己又干了一杯。

这下倒让阿超有点郁闷了，刘琦已经是混职场十几年的老江湖了，得是多大的打击才能让人这么沉闷？但眼看着刘琦也不准备把事情的始末说清楚，自己更是无从张口去安慰他，两个大男人一句话也不说，光坐着喝酒，那得有多尴尬？

刘琦不说话，阿超又见不得包厢里这么安静，便想着总得说点什么："几年前我也遇到过一些奇葩的同事……"但刘琦的反应却着实让他非常不舒服，除了"嗯""噢"这类在他看来只是敷衍的应答，就没有其他言语了。

一顿饭下来，阿超说得口干舌燥，刘琦大部分时间却都处于沉默状态，也不知道到底有没有在听他说话。

"行啦，酒足饭饱，谢谢刘兄今天的招待，我瞧着你可能现在更想一个人静静，兄弟我安慰不了你什么，就先走一步，改天再请你吃饭。"阿超也略有些恼火，言语间尽是客套话。

刘琦才惊觉，原本自己只想有个朋友陪着就行，不需要那么多言语的表达，朋友也会懂。但很显然，自己的沉默似乎惹恼了朋友。

很多时候，与朋友相处，沉默未必是一种舒服的方式，反而可能会伤了朋友的心。要知道，真正的朋友是能够对任何问题都可以畅所欲言的，是能一起开心，也能随时随地替你排忧解难的战友。

我跟骏捷聊天说起了一个微博热搜，顺势聊起了"沉

默是朋友间相处最舒服的姿势"这个话题，然后，我们的
意见出现了分歧。

"其实，有时候就想有个人陪着，沉默不语也没关系。
想安静的时候，要是旁边一直有人说话，反而会心浮气
躁。沉默是金，这话是有一定的道理的。"

听我这么一说，骏捷立刻摇头反驳："你们女人就是
矫情，既然喜欢安静，那你怎么不一个人待着……反正啊，
说什么沉默是金，我第一个不赞同，反而有种被朋友不信
任的感觉，非常不舒服。"

骏捷在环保行业摸爬滚打了几年，不能说是个专家，
偶尔帮朋友解决一些基础问题不在话下。所以，当朋友阿
国告诉骏捷，他们公司的环保工作现在由他负责，但自己
一窍不通时，骏捷毫不犹豫地表示："有问题尽管来找我。"

骏捷一直都没有等来阿国的"求救"，以为他的工作
进展得很顺利。

朋友聚会时，骏捷遇到了阿国，便关心地问道："你
新接手的那块环保工作目前进展得还顺利吗？"

"不怎么顺利。唉，你知道隔行如隔山，这个行业又
有那么多专业知识，一下子要上手，太难。"说起工作，
阿国一脸愁容，"再说我又是个文科生，看到那些数据就
已经让我头大了。"

"我不是早就跟你说了，有什么不懂的地方尽管来问我，思路理顺了，上手就快了。"骏捷有些意外，他是个直性子，向来有话直说。

"我也不知道怎么开口，先这么琢磨着吧，实在不行了我再找你。"阿国说完，便示意骏捷聚会时不再聊工作的事，骏捷的热情瞬间被扑灭。

过了一阵子，骏捷听闻阿国又准备换工作，便主动约他喝下午茶。

看着阿国浓重的黑眼圈，骏捷问道："听说你又准备换工作啦？怎么了？做得不开心？"末了，他又加了一句，"现在好工作可不好找哇！"

阿国看似赞同地点点头，然后默默地抿了一口咖啡。

"是不是因为那块工作比较难展开？没关系，我可以帮你。"骏捷知道之前阿国一直失业在家，找不到理想的工作，这份工作还是其他朋友介绍的，薪资比较高。这刚进公司没多久就要跳槽，无非就是做得不顺心，能帮则帮，也不会驳了朋友的好意。

阿国犹豫了一下，模糊地嗯了一声，继续沉默。

"你可以梳理一下现在手头的资料，很多资料应该有现成的，如果你怕透露什么商业机密之类的，你可以告诉我缺什么材料，我发点模板给你，你照着模板去整理……"

骏捷热情地帮助阿国梳理工作思路，但阿国似乎有些心不在焉，任由骏捷自说自话，像唱独角戏。

我越听越纳闷儿，打断了骏捷的话，问道："我感觉这好像不是你的作风啊？话说得挺客气，你确定你心里是这样想的？"

"可不是，还是你了解我。当时我也挺郁闷的，你说朋友之间帮忙，难不成他还真怕我窃取他们公司的商业机密？"骏捷没有被识破的尴尬，倒是有被了解的感动，"我这说得起劲，他却一直沉默不语，也不表态，真是郁闷。"

"那后来呢？阿国来找你帮忙了吗？"

"没有呢，后来我们也不怎么联系了，我懒得去理这种人。对于不信任我的朋友，我再真诚，也许在别人眼里也是另有所图吧，那就随便他了，毕竟，就算他失业了也不用我养着，对吧？"

骏捷说得坦然，但我们都知道，对于阿国的沉默，他心里还是有点堵。

用沉默回应朋友的热情，容易引起不必要的误会和矛盾，问题没有及时得到解决，反而容易导致彼此的关系更为尴尬。

杨洋和芒果都是我的朋友，杨洋是行政人员，芒果是医生，而且她们两个又同在一家骨科医院上班，所以严格意义上来说，她们的关系要比我跟她们任何一个都更亲密。

母亲的一个表亲在那家医院住院，我去看望的时候，芒果已经下班，我便顺道去探班杨洋，就见到偌大的办公室里，只有她一个人在跑进跑出地忙碌。

杨洋抱歉地说："难得你来看我，我都没时间招呼你，最近我们医院在做认证申请，忙得要死。"

"医院的资料跟我们的不一样，帮不了你哈，只能在一旁替你加油鼓劲了。"我开玩笑地说，还顺带做了个"加油"的口型，惹来她一顿白眼。

这时候，正好芒果给我发来消息："在哪里啊？出来high？"

我忽然想到，也许芒果能帮得上杨洋的忙，便想着把她叫来。我自以为我们三个已经很久没见了，虽然地点不太对，但也算是个小型聚会吧，于是我回复道："在你们医院呢，你来不？"

"好哇，喝什么，给你们带来。"芒果没有拒绝。

我点了一杯柠檬霸，开口问忙碌的杨洋："芒果也要来，她说给我们带饮料，你喝什么？"

我原本以为杨洋会高兴的，结果她露出一脸又吃惊又反感的表情，说道："你怎么把她叫来了？"

　　我一愣，这是什么情况？

　　见我不明所以，杨洋说起之前其他同事告诉她，其他科室的医生都知道她和芒果是好朋友，但是芒果总在他们面前说她的坏话——说她工作效率低，看上去很忙，其实忙不出成效来，都是无用功……听闻那些话，她异常生气，之后便有意无意地躲着芒果，疏远的次数多了，芒果也就不再接近她了。

　　如果不是我叫了芒果过来一聚，恐怕杨洋也不会跟我说这些。但是，显然她没有在意这些话都是经由别人的嘴传达给她的，她也从来没有向芒果求证过。

　　"不能吧？芒果应该不是这样的人哪！"对于杨洋的说辞，我持怀疑态度，"会不会是误会？你要不要向芒果求证一下？"

　　"我保持沉默。"杨洋果断拒绝了我。

　　"这可不能沉默呀，说不定真是个误会。你们都是我的好朋友，你俩要是闹矛盾了不和解，我不是当夹心饼干了？"我劝解道。

　　正说着，芒果突然走了进来，气氛一度很尴尬，我们都不知道她什么时候来的，又听到了多少对话内容。

　　杨洋也是一愣，两人一个坐着一个站着，互相沉默。

我腹诽：你俩可行行好吧。

倒是芒果先开了口："我从来没说过你坏话，说你动作慢，是因为有一次财务这边晚发了两天工资，他们说我跟你比较要好，让我来问问是怎么回事。我说你做事细致，自己的工作都有一大堆要解决，哪有时间管财务上的事。"

芒果坦然地看着杨洋，全然看不出一点儿虚伪："他们都怀疑你哪有那么忙，因为每次来办公室让你办点儿事，你都不怎么待见他们。为了这个，我还跟他们吵了一架，现在跟他们的关系还有些尴尬……"她边说边给我们分发饮料，递给杨洋的是她最喜欢的红茶拿铁，还特地加了椰果。

既然芒果率先把话说开了，我们都觉得没必要编这些话来欺骗好朋友。杨洋也是个坦诚的人，拉着芒果的手就一直摇晃，说："对不起，我不该……"

"好了，没事了，我还一直纳闷儿哪里得罪你了，原来是那些谣言。"芒果拍拍她的手，"以后有这样的误会，你可以直接来跟我说呀，这个可不能保持沉默，会害了我们的，朋友就真的做不成了。"

她们两个说完，冰释前嫌地相视一笑。芒果便着手帮杨洋快点结束手头工作，好让她能提早下班。

朋友之间已经产生了矛盾，应及时沟通，把问题摊开来讲明白，更易促进矛盾的解决，增进彼此的友情。沉默，任由矛盾激化，只会拉开彼此的距离。

村上春树在处女作《且听风吟》里说，说谎和沉默可以说是现在人类社会里日渐蔓延的两大罪恶。事实上，我们经常说谎，动不动就沉默不语。

🦌 聊天小秘诀：

矛盾维护原则1：不要相信"沉默可以代替所有"，值得信任的朋友可以畅所欲言，既能增进彼此的感情，又能排忧解难。

矛盾维护原则2：遇到困难时，大方地向有能力帮助自己的朋友呼救，并不吝于给朋友肯定和感激。即便不需要朋友的帮助，也要委婉地拒绝，切忌用沉默回应，那样反而会凉了朋友的心。

矛盾维护原则3：不要轻易相信谣传，与朋友坦然面对，减少猜忌，有问题当面沟通，才不致使关系更恶化。

3. 躺在电话簿里的好兄弟

同学会的时候，遇到多年不见的老同学，相谈甚欢之后互留了电话号码，仿佛从这一刻开始，两个人就是一辈子的好兄弟了。但聚会结束后，那些保存下来的电话号码却再也没有联系过，成了只是躺在电话簿里占用你 2KB 都不到的一个名字而已。

都说君子之交淡如水，这些躺在电话簿里的朋友，又有几个是真正能称得上"君子之交"的好兄弟？

齐先生跟我说，他的兄弟智斌去参加同学会，中间打电话向他借了点儿钱，怕聚会之后万一有其他活动而自己带的钱不够用。没多久，他却意外接到智斌的微信"求救信号"："五分钟后来一个电话，兄弟想逃了。"

成功逃脱同学会的智斌约了齐先生吃夜宵，吐槽这期待许久的同学会成了社交场所，无聊至极。

其实，智斌一开始非常期待这次同学会，特别是听闻孙喆也会来参加。

孙喆是智斌读书时最要好的兄弟，两人是同桌，又是住同一个寝室的上下铺，用同学的玩笑话来说，那简直就是一对好基友。后来因为工作，他辗转换了好几个地方，而孙喆去了国外留学，两人才断了联系。

虽然各奔东西，智斌也换了 N 个手机，却从来没有换过电话号码，他怕换了号码，孙喆会找不到他——他一直相信，孙喆只要回国就会联系他。而在他的号码簿里，孙喆一直都带星号标记、排在最显眼的位置。

所以，当智斌听闻孙喆也要参加时，他既兴奋又难过，但更多的还是期待，毕竟这么多年没见，彼此又经历了很多，他有太多的话想跟孙喆说。

当智斌到达同学会现场的时候，很多同学都已经来了，他一眼就看到了人群中的孙喆。很多同学也知道他们读书时的关系，自觉让出了孙喆旁边的座位给他。

"嗨，好久不见。"智斌率先向孙喆打招呼，"什么时候回国的？"

"两个月前。"孙喆简单回答了智斌，转而又跟另一边的同学去聊天。

那一刻，智斌觉得自己尴尬极了，脸上火辣辣的，心里却冰凉一片，似乎过去这么多年，铁瓷的兄弟情早已经不复存在了。

孙喆自觉冷落了智斌，看着在一旁发呆的智斌，他又转过身问道："现在你做什么工作呀？"

"还是做我的老本行建筑行业呗，除了这个，其他的我也干不了。"面对多年不见的老友，智斌不敢承认自己连项目经理都还没有混上，就含糊地回答了一通。

孙喆一听智斌做建筑行业，立刻来了兴致，追问道："那你手里现在有几个项目啊？有没有好一点儿的业务介绍给兄弟做做？我现在做墙体材料。"

孙喆的转变让智斌有些无所适从，更多的是答不上他的问题。此时他发现，眼前的孙喆，早就不是记忆里那个一听闻自己跟别人吵架就会不顾一切帮他出头的好兄弟。

"这个倒不太清楚，回头我关注一下吧。"智斌含糊地回答。

"好。"孙喆激动地拿出手机，"来，兄弟，把你电话号码报一遍，我保存一下，以后多联系。"

看着手机屏幕里跳出的陌生号码，智斌不免有些哭笑不得，他忽然觉得，自己的电话簿里那个星标好友"孙喆"像个笑话。

　　每个人都有不同的社交圈，没有任何人的社交圈是完全重叠的。

　　我们在经营各自的社交圈时，疏于原有的友情联络，减少了沟通交流，原本的铁瓷关系也只能随着时间流逝而被逐渐淡忘。

　　陈星是凳子的朋友，往年凳子举办生日聚会时，我见过他两次，给我的印象一直不太好。后来几年他都没有出现，我也就淡忘了这个人。所以，凳子跟我再次提到这个人的时候，描述了很久，我才把人和名字对上号。

　　"这次他找你又是什么事啊？"看着凳子有些厌烦的表情，我问道。

　　"找我安排工作呗。"凳子一脸无奈，"问我能不能推荐来我们公司。我真是怕了他，好几个朋友给他介绍过工作，每一家公司他都干不过三个月。"

　　凳子刚大学毕业参加工作的时候，陈星和他的关系挺铁瓷的，几乎每天晚上都会叫他出去聚会，不是 KTV 就是酒吧，美其名曰给他介绍人脉。

　　都说人脉是一个人成功的关键因素之一，所以凳子不好意思拒绝陈星的好意，毕竟陈星比他早踏入社会，人脉资源自然要比他广，对于他的事业肯定是有百利无一害的。

"兄弟是不会坑你的！"这是陈星说得最多的一句话，但说得次数多了，反而成了"此地无银三百两"。

但每次聚会吃喝的费用，凳子买单的多，他发现自己只是陈星的"取款机"。意识到这个问题，他开始疏远陈星。

陈星的电话号码在凳子的手机里出现的频率越来越少，后来陈星换了几次号码他也不在意，偶尔从其他朋友口中听到陈星的事，他也不会多言……这个名字，最终成了他的电话簿里一个极其普通的符号。

时隔多年，凳子再次听到手机那头陈星的声音时，还觉得挺意外的。

"嘿，兄弟，最近在哪儿发财啊？"陈星一点儿也不显生疏，"忽然想起兄弟你了。"说完，他还干笑了几声。

"还是老样子，吃不饱也饿不死，就这样过呗。"凳子没有接陈星的话头，等着他说明来意——多年没有联系，不可能只是因为"忽然想起"。

"别哄兄弟了，净拿兄弟寻开心！"见凳子没有回应，陈星接着自说自话，"什么时候出来喝两杯呀？很久没跟你喝酒了。"

"好哇，有时间聚聚。"凳子敷衍道，"没有其他事的话，那我就先忙了。"说完，他就准备挂电话。

"哎哎哎，等等，兄弟！"电话那头的陈星一听凳子要结束通话，立刻说，"确实有那么点儿事儿想麻烦你。"

"说吧。"虽然这是意料之中的事情，但凳子还是觉得有些心寒。

原本以为能当一辈子的朋友，结果只是想一次又一次地利用他。与其如此，倒不如一直安安静静地躺在电话簿里，兴许还能留着读书时的那些回忆，成为记忆里的那个好兄弟。

"兄弟最近想换一份工作，听朋友说前阵子你刚升职当上科室主任，想问问能不能把兄弟我也安排进去混口饭吃。"陈星特地强调了"兄弟"和"朋友"的差距。

"我们公司最近没听说要招人，以后如果有合适的机会，我再帮你留意。"凳子果断拒绝了，陈星只好无趣地挂了电话。

凳子知道陈星是想拉近跟他的关系，言下之意他是兄弟，其他人只是朋友。但他并不在意，在他眼里，陈星也只是一个普通朋友而已。他的兄弟都是经常联系的，即便是鲜少联系，也不致总是利用他。

友情不能随意被利用，需要时常维护，否则再铁瓷的关系也可能沦为"塑料兄弟"，一碰就碎。

　　大萌的闺密茜茜终于要回国了，她在群里兴奋地问我们："亲爱的们，需不需要代购护肤品？赶紧甩单过来。"

　　我毫不客气地甩了一张 A4 纸大小的清单给她，她照单全收，还表示："慕慕，我一定要把茜茜介绍给你，你俩一定能成为好朋友的。"

　　大萌和茜茜从小学到初中都是同学兼闺密，我不止一次听她提到茜茜这个名字。

　　茜茜高中还没毕业就跟着家人移民美国了，那时候她连英文单词 congratulation（祝贺）都还念不全，经常半夜三更打越洋电话给大萌，哭诉她在异乡的艰难处境。

　　越洋电话太贵，她们每次的通话都只是短短的几分钟，但这并不妨碍她们友情的深厚程度，反而因此更珍惜那几分钟的通话机会。

　　她们的联系方式一路从 QQ 到 MSN，再到现在改用微信，但大萌的电话簿里一直保留着茜茜出国前的手机号码。我们都说这个号码也许早就被注销了，她却信誓旦旦地认为，早晚有一天用得上。

　　茜茜回来的那天，大萌一早出发，亲自开车去萧山机场接机。大概是近乡情怯，茜茜一时竟忘了告诉大萌，班机延误一个多小时。

　　到点了还不见茜茜出现，拨打电话簿里那个不知道还在不在使用的手机号码，一直都是语音助手机械的声音："您所拨打的电话已关机……"在出口处焦急等待的大萌，忧心忡忡地努力克制着自己不要胡思乱想。

就这样差不多过了一个小时，大萌再次拨打电话，这次电话终于通了，电话那头是茜茜懒洋洋的声音："喂，亲爱哒，你在哪儿呢？"

"小没良心的，我紧张得半死，你倒是睡得舒服。"确认了茜茜的安全，大萌才安下心来，"我在国际航班出口这里，你一出来就能看见我！"

因为经常在网上聊天，她们并不陌生，没有因为多年未见而生疏。两个久别重逢的姑娘激动地拥抱在一起，互相调侃着："你变漂亮啦！""可是你变丑了耶！"

茜茜看着大萌还紧紧捏在手里的手机，忽然笑了："这么多年的号码你还存着哪？"

大萌一脸得意地说："你看它在我的电话簿里躺了这么多年，这不，紧要关头就用上了。"

大萌第一次带茜茜来参加我们的聚会时，茜茜一直拉着大萌的手，说："大萌是我最好的闺密，我在美国最困难的那段时间，就是靠着她的安慰和支持撑下来的。"

茜茜回美国的时候，最舍不得的就是大萌，恨不得让大萌把她送到美国的家再回来。

前阵子听说大萌的表弟要去旧金山留学，茜茜主动请缨去安顿表弟的起居。尽管大萌再三推辞，茜茜依然特地从西雅图飞到旧金山，把表弟的生活环境拍视频发给大萌，让远在国内的她"放一百二十个心"。

躺在电话簿里的只是一个普通号码，只有真诚付出和守护的才是真实友情，它不仅经得起时间的考验，也经得住距离的历练。

刘同说，在 KTV，每个人都需要有一个好兄弟，当你唱不上去的时候，可以把麦给他；当你喝不下去的时候，可以把杯子给他。每个人也需要一个好姐妹，当你想哭的时候，有人可以抱；当你喝醉的时候，有人送你回家。

这样的铁瓷兄弟，你有吗？

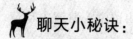聊天小秘诀：

铁瓷维护原则 1：即使平时需要维护自己的社交圈，也不要忘记经常跟兄弟／闺密联络感情，有互动才会换来感情的交流。

铁瓷维护原则 2：出现问题需要帮助时，不绕弯兜圈子，直接说，不因为关系铁便随意利用对方的情谊，因为没有人愿意一直被利用。

铁瓷维护原则 3：不虚与委蛇，以诚相待。

4. 守口如瓶

有一阵子微博热议一个话题，就是讨论有个能说秘密的朋友是一种什么样的体验。很多网友的评论是：没有。

人与人之间的信任是双向的，那些愿意对你和盘托出的人，自然相信你会对此守口如瓶，但多数结论却是都被他人辜负过。

这个结论未免有些让人心寒。

斐沫问我："你朋友要是跟你说了一件秘密的事，你会告诉其他人吗？"

对于这个问题，我开玩笑地说："像我这种人哪，放在古代可能就是属于被人灭口的那种类型了。"

斐沫一脸的茫然，似乎没有反应过来。我只好点她："就是知道的秘密太多，古装剧里不是都有一句台词'只有死

117

人才是最安全的'吗？最后都被灭口了呗。"

斐沫听完哈哈大笑，笑着笑着就难过了起来。

斐沫有个闺密叫阿琳，她们几乎无话不说，从情窦初开的迷茫到亭亭玉立的少女心事，从职场难题到生活窘境……她们知道彼此太多的秘密心事。

斐沫也知道，阿琳偶尔也会把她们觉得有趣又无关紧要的事当谈资告诉其他朋友，但毕竟也没有造成什么影响，尽管也会生气，但过后依然能重归于好。

斐沫对我说："我这个人总是不长记性，亏都不知道吃了多少次，说好只有两个人知道的秘密要守口如瓶，结果转眼就传到了其他人的耳朵里。最气的是，原封不动地传出去也就算了，还要加点'料'！"

有一次，斐沫跟一个男同事一起出差，男同事平时在公司就不太安分，经常趁机讨点嘴上的便宜，又扬言想追求斐沫，让她一度很反感。更过分的是，这次出差，男同事竟然美其名曰为公司节省费用，提出跟斐沫合住一间房间，让她厌恶到了极点。

斐沫没有给男同事好脸色看，当众拒绝了合住的要求，并表示宁可自费单独住。

晚上一个人窝在酒店的房间里，斐沫没有了去逛街的心思，便跟阿琳吐槽这件事。

阿琳听完也是异常气愤，说道："你看你身边老有这样的人在盘旋，以后找对象谈恋爱可怎么办？咱也不稀罕那点工资，不如换个工作环境吧。"

尽管斐沫遭遇这样的同事关系有些尴尬，但工作也不是说换就换的，现在的这份薪资待遇更是不好找。她只好含糊地表示"再考虑考虑"。

这件事对于斐沫来说并不光彩，她甚至觉得有这样的同事是一件非常可耻的事情，自己也只是等待着能跳槽的机遇，在机遇到来之前，仍然需要低调。

"这事我只告诉了你，你可不能告诉别人啊。"斐沫对此千叮万嘱。

"哎呀，安啦，我会守口如瓶的。再说了，我又不认识你们公司的其他同事。"阿琳豪气干云地应和。

这个城市说小不小，说大也不大。

阿琳的朋友正好跟斐沫他们公司有业务往来，他跟着项目经理去他们公司拿资料时遇到了斐沫。

过后，朋友跟阿琳说起了这事，阿琳想起斐沫跟她说起的猥琐男同事，便让朋友打听一下是哪个同事。朋友很好奇，还以为是阿琳对那个男同事感兴趣。

"才不是呢，我会看上这种渣男？"阿琳边澄清，边跟朋友说起了事情的始末，末了还加了一句，"小沫只把这事告诉了我，你可别乱扯啊！"

朋友随口说了句"放心"，但由此燃起的好奇心可不是一句放心就可以熄灭的，便悄悄向负责他们项目的斐沫同事打听这个猥琐男同事。

斐沫和男同事出差遭遇的这件事，便经由同事的嘴在公司里传了开来。

男同事听闻后，不顾斐沫的面子，在办公室当众指责她诽谤，惹得她成了风口浪尖上的人，甚至有些百口莫辩的尴尬，不得不提前将跳槽提上了议程。

斐沫说完这个故事，还直摇头叹息："说好的守口如瓶呢？说好的信任呢？怎么就这么不靠谱呢？"

对你来说是极其隐秘的事，在朋友看来只是一件稀松平常的事，或出于关心，或出于好奇，加之"我只告诉你"更像是魔咒，挠得朋友不去广而告之便会十分难过。

在朋友的眼里，守口如瓶与信任没有任何关联，仅仅只是因为心里藏着秘密会难受，想多一个人一起分担，丝毫没有顾及当事人的情绪。

有次听闻毽子住院了，几个朋友分别给我发消息，问我要不要组团去看看他。这原本是出于好意，我却被思琦的一条信息"吓"着了。

思琦私聊我："你还是别去了吧，毽子得的是肺病，估计会传染，他自己都担心可能活不久呢……现在他还在隔离病房，你们去了也见不着，而且医院里病菌多……"

一听朋友要命不久矣，我着实有些发愣，详细地询问了思琦关于毽子的病。思琦边说边感叹："没想到我们这个年纪就要给朋友送行……"这话说得我也不禁一阵难过。后来我才知道，她不止给我一个人发了私聊信息，给我们这群说要组团去的朋友每人都发了一条。

听闻毽子得的肺病会传染，大家都有些怕，这事也就被耽搁了下来。

大概过了有两三个月，毽子给我打来电话："有时间出来聚聚？"

"哟，毽子，你总算出现了？病好啦？"听闻是毽子的声音，我也挺开心的。他生病没有去看望，现在觉得挺愧疚，一想到不知道还能见他几次面，既然他主动提出聚会，我便欣然同意。

见我答应得这么干脆，毽子反而有些意外，他疑惑地问："慕慕，你知道吗？我通知了大家，就你答应得最爽快，他们似乎都有些扭扭捏捏的，不知道搞什么鬼。"

我想起思琦说的事儿，忽然明白了其他人的犹豫，于是小心求证："那个……"我忽然有些不知道该怎么开口，很担心会触到他的痛点，"你在隔离病房待了多久啊？"

"隔离病房？"听声音就能想象到毽子更加疑惑的表情，"我什么时候去过隔离病房啊？"

"啊？"这下换我疑惑了。

不过，毽子很快就意识到了问题，他恍然道："是不是思琦跟你们这么说的？"转而又叹气，"难怪呢。"

这声"难怪"说得我也有些不太好意思，当时跟朋友几个商量了一下，最终我们都各自说明不去的理由，只是用微信转了几个红包，让毽子自己去买点营养品。那时候，他可能未必在意这些，但现在这么说起来，他总算知道问题的症结在哪儿了。

思琦大概是唯一一个去过毽子病房的朋友，她原本不了解毽子的病情，看到病床后面挂了病人的信息，便一边跟他聊天，一边随手翻阅了一下。这一看吓得不轻——虽然医生的字迹潦草，但这"肺"字思琦还是认识的。

得知毽子是肺病，一边还看着他剧烈地咳嗽，思琦立刻想到了"传染"。她正思索着用什么理由赶紧"逃"开，正巧护士进来，对着毽子的家人说："单人间空出来了，可以搬过去了。"

找到了机会，思琦便跟毽子道别："那……你好好休息，我就先走了。"

　　毽子没有发现思琦的异样，也没有多想，只是嘱咐她："你跟他们几个说一声，让他们不用来看我，我这是小毛病，过一阵子出院了找你们聚聚。"他想到或许我们都会问一些病情，又叮嘱了一句，"你也不用跟他们说我得的是什么病，帮我保密哈。"

　　思琦点头应允，不由得思忖："干吗还要特地加一句保密呢？"她越想越害怕，在电梯里立刻拿出手机百度关于肺病的相关病情，百度里说得天花乱坠，最轻的是传染，最重的是命不久矣……于是，她不仅没有按照毽子说的替他保密，还根据那些胡乱查到的信息跟我们详细描述了一遍病情。

　　一时间，电话两头的我们都有些哭笑不得。

　　谣言以讹传讹，向来被认为是伤害他人的利器，谁也不知道别人口中的自己会是什么样的。毕竟，刀子不捅在自己身上是很难感觉疼痛的。

　　闫妍说，她很庆幸自己能拥有一个信守承诺的朋友。

　　后来，我去上海出差的时候，闫妍带着小婉一起来吃饭，一脸炫耀地向我介绍："慕慕，这就是我跟你说的好姐们儿小婉。"

　　看着小婉一脸的茫然，闫妍又把跟我说过的那件事给翻了出来："人生有这样一个知己，足矣。"我点头同意，这样的闺密不是人人都拥有的。

三年前，闫妍被工作搞得焦头烂额，一气之下没有找好下家便辞职加入了失业大军。眼看着快过年了，她也就不忙着找工作了，心想着等过完年再忙工作的事。但眼下的重要问题是，过年回家怎么跟父母交代。

"亲爱的，你说要是他们问起来，我要不要坦白从宽呢？"闫妍问自己的好闺密小婉。

"我估摸着会坦白从严吧？"小婉打破闫妍的幻想，"说不定会让你索性退了上海的房子，回家相亲，从此过上相夫教子的生活。"

"说得也有道理，这个可能性高达80%。"闫妍思索后就认可了这个说法，"那么问题又来了，如果不坦白自己是个失业小青年，过年总要给他们意思一下，唉……让我想想。"

"甭想了，我这边有余粮，你拿着先过了这关再说，明年回来再说找工作的事。"小婉说完，掏出手机就转了一万元给她。

"这……"闫妍犹豫片刻，收下了小婉的这份好意，并叮嘱，"回头你可记得帮我保密呀，小心别说漏了。"小婉给了她一个坚定的"放心"眼神。

正月初四的时候，小婉提着一些礼物去舟山闫妍家拜年，这几乎是她每年例行的公事，闫妍的父母也不觉得意外，热情招呼她坐下一起聊天。

"还是小婉懂事，我们家小妍在上海都靠你照顾着。"闫妍的母亲魏阿姨恨铁不成钢地瞪了一眼闫妍，"看看我们家小妍，真是愁死人了，你帮阿姨多劝劝她，都这么大年纪了，让她赶紧回来相亲。"

闫妍暗暗地朝着小婉摊摊手，做出"忍忍，加油"的口型，一脸无奈。

"阿姨您就别愁啦，您和叔叔安心保养身体，觉得无聊可以去外面走走，身体健健康康才是最重要的。"小婉转念想了想，又补充道，"儿孙自有儿孙福，缘分这种事很微妙，说不定过完年回去，小妍就找了个高富帅呢！我们小妍又不差，您说是吧？"

"也别高富帅了，普普通通就好，总归是平凡的人多。"趁着小婉在，魏阿姨不放弃地继续煽动，"前阵子小妍她三姨准备介绍一个小伙子，我看着挺好的，但人家一听人在上海就没了兴致，两地分居总不是个事儿啊。"

"那就说明没缘分呗。"在一旁当透明人的闫妍忍不住顶嘴，"上海的发展空间很大，我要是回来，还不是跟表哥那样坐坐办公室，一个月拿三四千元的工资，能干吗？"

"外面吃住都要钱，你辛苦一年不也只能攒下万把块钱。"魏阿姨想起闫妍给她的一万块钱，就有些惆怅——要是在家乡这边工作，吃住能省很多开销，还不比这一万块钱多？

一听母亲提起一万块钱，闫妍就跟着紧张起来，生怕小婉说漏了嘴，把自己失业又向她借钱的事情给捅出来。

"阿姨，小妍这不都是刚起步嘛，以后会慢慢好起来的，您就等着享清福好啦，打拼挣钱的事就交给我们这些年轻人吧。"

小婉拍拍魏阿姨的手，让她安心。

晚饭后，闫妍送小婉离开，大马路上两人就开始嬉笑打闹起来。闫妍一把挽过小婉，开心地说："真是没白疼你，够义气！"

小婉郑重其事地说："我答应了你要守口如瓶，当然不会说啦，我可不是个会看闺密笑话的人，不然我就没脸面对江东父老了。"

做不到的事不要答应，量力而行。但既然答应朋友要保守秘密，就一定要做到绝口不提，一个人的信用比旁观别人的热闹更重要。

作家白落梅说："我敬佩那些可以为一个秘密守口如瓶的人，承诺之后，至死都不说出口。"

愿你身边也有能为秘密守口如瓶的友人，这样的友情值得珍惜。

聊天小秘诀：

秘密维护原则 1：答应朋友要保守的秘密，未经朋友允许，只能让秘密烂在肚子里。否则，考验的就是一个人的信誉和两个人的友情。

秘密维护原则 2：不随意传播朋友的秘密。即便已经传播了，也请不要添油加醋，实事求是是最基本的要求。

秘密维护原则 3：牵扯到与秘密有关的话题时，可以尝试岔开话题，由话题延展到对方关心的其他事情上，继而保守秘密。

第四章

幽默是最好的开场白

弗洛伊德说，人可以防御他人的攻击，但对他人的赞美
却无能为力。

1. 见面说声"您好"

人们第一次见面，总会给彼此留下一个印象，它之所以难忘，是因为在你的脑海里留下了不可磨灭的痕迹。不论好还是不好，后期想扭转也需要下一番功夫。

初次见面给陌生人留下的这个印象就叫第一印象，也叫首因效应。

陶威给人的第一印象就是腼腆内向，几乎所有认识他的人都这样觉得，这大概是他的性格使然。

因为性格内向，所以朋友们都觉得陶威特别好相处。但也是因为性格内向，他的职场之路没有那么顺利。

陶威的第一份工作是做保健产品销售，这对于内向的他来说可是不小的挑战。

陶威记得他的第一名顾客是卓女士，是他小学同学的阿姨，经由同学介绍，特地来找他。可站在卓女士面前，他却不知道怎么开口。一旁的同事小林替他干着急，更有同事不友好地抢先说："这位女士，不如我帮你介绍几款产品吧？"

卓女士受过侄女的委托，固执地表示："我是他同学的阿姨，所以，这单生意只给小陶做。"顶着同事们嫉妒的眼神，陶威更加尴尬。

卓女士见陶威迟迟不开口，心里也着实有点不愉快，但碍于侄女的面子，她只好主动开口问道："小陶哇，阿姨想买几款增强免疫力的保健品，你有推荐吗？"

小林平时跟陶威的关系比较好，悄悄地推了几款产品到他面前，默默地提醒他。陶威这才恍然，转而又疙疙瘩瘩地解释道："阿姨，您看，就是这几款产品，卖得相对比较好。"

"帮我介绍一下它们分别有什么功效，好吗？"此时卓女士更加不痛快了。

"您稍等一下……"陶威当着卓女士的面打开包装，翻出了说明书。当众人都以为他要跟客户讲解产品的时候，他却说道："阿姨您看，这些功效说明书上都有，而且说得很详细，您可以回家慢慢看。"

不仅卓女士傻眼了，周围的同事也个个面露难色，小林更是扶额轻声说道："我怎么会有这样的同事？他真的是做销售的吗？"

虽然最后卓女士还是买了一些产品，但她也清楚，没有达到自己的预期购买数量。

临走的时候，卓女士看了一眼陶威，轻声说道："小陶哇，你跟我侄女是同学，所以阿姨也把你当侄子一样看。阿姨觉得你可能不太适合做销售，如果能换工作的话，还是建议你换一份。或者平常有空的时候多学习一些销售技巧，对你的工作可能会有帮助。"

虽然同事没有听到卓女士的话，但陶威听得真真切切。

当天晚上，同学打来电话，略有些抱怨："我阿姨可是大客户，公司每年要送的礼不止这个数，你竟然没有把握住机会！"同学叹息一声，"阿姨回去还跟我说，你很没有礼貌，连最基本的招呼'您好'都没有打。所以，最后她只买了一点点，她说已经很给面子了……"

虽然已经时隔多年，陶威也换了好几份工作，但这次经历让他印象特别深刻，至今说起来他都摇头惭愧："你说当时我怎么想的？我是不是脑子进水了？好歹是同学的阿姨，说声'您好'也难哪……"

"你本来就不太会说话，加上性格腼腆，做销售难免为难你了，这一点我觉得也无可厚非吧。"作为朋友，我只能这样安慰他。

事实上，我觉得有更好的解决方式。即便没有主动把握机会，至少给卓女士留下一个好印象应该不是特别难，但他显然没有做到。

很多人性格腼腆，遇到陌生人不知道怎么开口，等着对方先说话，继而被动地回应对方。这样不仅会让人觉得相处起来很累，也不愿意进行深入交流。

不论交朋友还是在职场，这都不是与陌生人相处的正确打开方式。

与陶威腼腆性格相反的是辉哥，他给很多朋友的第一印象都是不礼貌。

我很奇怪，在我的印象里，辉哥是一个性格大大咧咧的人，说话直爽，不拐弯抹角，从一开始在朋友中就是相处比较愉快的那一类。但草莓却说："这是你朋友吗？太不懂礼貌了，我一点儿都不喜欢这个人。"

我开玩笑地表示："又不是给你介绍相亲，要你喜欢干吗？"话虽这样说，因为工作后就不常联系，令我也难以想象辉哥给人的第一印象竟是这样。但我每每想起他们那场合作，也是感叹不已，早知道就不帮忙介绍了。

草莓的公司需要设计一个 Logo，这项工作正好由她负责，于是，她在群里问我们："你们认识做设计的公司吗？快介绍给我，有熟人就更好了。"

辉哥正好是学设计出身，于是我自告奋勇把他介绍给了草莓。我给了她电话号码，又很仗义地说："你就说是我介绍的，他会给你优惠价格，技术也绝对信得过，你放心。"

草莓打电话过去，辉哥接通后没好气地说："谁呀？是推销的我就直接挂了。"

草莓一下子没反应过来，愣了一下，说道："您好，是辉哥吧？我是慕慕介绍过来的，想找您给我们公司设计一个 Logo。"

"哦，那你把你们公司的资料发我一份，我先了解一下。"辉哥也没有表现出草莓想象中的热情。

"好的，麻烦给我一个您的邮箱。"草莓依旧保持着应有的礼貌和客套。辉哥报了一个邮箱给她，还没等她说"谢谢"便挂了电话。

草莓转而气愤地给我打电话，大声吼道："你朋友这是什么态度？要不是看在你的份上，我宁可找别人做！"

"他就是这样的人，说话从来都直来直去的，但是专业能力确实不错……"我只能这样安慰草莓，"你就多担待一下吧。"

几天后，辉哥给草莓回了一份邮件："你把你公司的要求发给我。"

草莓请示了主管关于 Logo 的设计理念，她觉得有必要当面进行沟通，把问题都说清楚。于是又联系辉哥，要求见面沟通，他也欣然同意了。

草莓提前半小时到了约定的地点等待，辉哥却姗姗来迟，他也没有一句抱歉，一坐下就说："你直接说吧，你们的设计理念是什么，我一会儿还有其他事。"

草莓心里当下就不太舒服，但依然耐着脾气把主管的要求说了一遍。

辉哥听完，没有提出任何异议，只是简单地说了一句："就按照你们的理念设计吧。"然后，连"再见"都没有说就离开了。

虽然之后辉哥设计出来的效果很好，仅做了简单的修改，但跟辉哥的合作让草莓十分不愉快，一直耿耿于怀。

后来，珊珊准备开工作室的时候也想做一个 Logo，不知情的她问草莓："上次你们公司设计的那个 Logo 怎么样？可以的话我也想找他做。"当时我也在场，我还没来得及开口，草莓却严肃地说："慕慕你别说话，你那个朋友不靠谱！"

其实，我很想维护一下辉哥的形象，毕竟两边都是朋友，而且草莓那一单的设计大家都挺满意。

"不是说他的技能不过关，而是这个人的礼貌程度有待加强。"草莓解释道。

那次的设计稿进入后续的修改时，草莓正好请了婚假，是主管直接对接辉哥的。草莓结束假期刚回到工作岗位，主管就把她叫进办公室，说："以后的产品设计要换一家。"虽然这只是一句简单的话，实际上十分贴合草莓的心意。

礼貌是开启友好交往的第一步，也会建立令人深刻的第一印象。但由于你的个性使然，一旦打上固定的"不礼貌"标签，第一印象就会大打折扣，之后会很难扭转局面，再促成后续合作会更难。

我刚认识小董的时候，他还是一名新进的销售员，性格活泼，见人有种自来熟的感觉。见到女士，他会亲切地叫姐姐；见到男士，不论年纪大小，统称大哥。

有一次，店里来了一名打扮时髦的女士，小董热情地走上前，张口就说："阿姐，你有什么需要了解一下的？我给你介绍。"

那女士一听，立刻表现出了不高兴，表情古怪地说道："小伙子，我的年纪可能比你还小，为什么叫我阿姐，我看上去很老吗？"女士说完就气鼓鼓地离开了，留下一脸懵圈的小董。

经过了几次这样的教训，小董就意识到，他的这种自来熟反而可能会让人觉得是一种不真诚的表现。这样的认知，让他十分苦恼。

为了不使"悲剧"再重演，他特地去走访了许多销售现场。

小董发现许多销售做得好的人，都十分注重一个细节：他们会在第一次与客户见面的时候，微笑又客气地率先开口说："您好。"而这个细节，正是平时他所忽略的。

小董仔细回想自己的销售过程，总结经验下来发现自己没有说过一句"您好"，他总是在一开场就跟客户套近乎，才会给客户打下"不真诚"的标签，从而留下了不好的第一印象。

见面的第一印象，会直接影响双方的后续合作，这是个非常重要的环节，对方会觉得这是一种尊重。而小董竟然不断地在犯这种低级错误。从那以后，他一改自己称呼对方"哥哥""姐姐"的风格。

后来再遇到客户的时候，小董总是笑盈盈地走过去，一脸恭敬地对客户说："您好，请问有什么需要帮助的吗？"

对方一见小伙子态度诚恳友好，对自己也十分礼貌，也不好意思驳了他的热情。于是，小董赶紧抓住机会，跟客户一边聊天一边介绍产品，俨然一副老销售员的样子，提高了不少成交率。

在产品的专业性方面，小董私下里也下过一番苦功夫，从来没有出现过失误。于是，在"您好"为他打开局面的情况下，他自然而然促成了一单又一单生意。

不论是销售经验还是销售业绩，这样的收获都让小董异常开心。

再遇到小董，是因为他们公司出了一款新产品，他给我打电话："慕慕姐，我们公司出了一款新产品，您要不要来试一下？"

我对于他说的"您"感觉有些意外，不禁取笑他："怎么对我也客套起来？"

小董在电话那头咯咯直笑，说道："已经习惯了，这都成了我的职业病。"

我们约在一家咖啡吧见面，小董早早便到了，见我来了，迎头微笑着边帮我拉椅子，边问道："您喝点儿什么？女士的话，建议玫瑰花茶比较好，能美容养颜，您要不要试试？这家的玫瑰花茶还不错，是大马士革玫瑰。"

"好哇。"我不客气地应允。

随意寒暄了几句，小董便递给我一份产品介绍书，说道："您看一下，这就是我在电话里跟您提到的我们公司新出的那款产品。现在推出老客户试用名额，您已经是我们的老客户了，好东西我一定会先想到您，我可以帮您申请试用……"

"你就别您来您去了，都把我喊老啦！"对于小董的改变，我一下子没有适应过来，开玩笑地说道。

"这是尊重呀！"我们已经是非常熟的朋友了，听我这么开玩笑，他也轻松了很多。但玩笑归玩笑，我对他的专业水平从来没有怀疑过。

小董跟我讲解产品的时候，我一下子有种脱稿演讲的错觉，他的专业水准配上他所谓的"仪式感"，我对他的印象分也提高了不少。

"这都归功于'您好'为我的开场白打开了局面，可能客户会觉得享受到了'顾客是上帝'的感觉吧，自然对我也亲切了许多。"

说起自己的改变，小董坦然地说："自从改变了开场白之后，我的业绩也莫名好了很多。"他一脸的得意，"现在我的业绩已经是同事里的佼佼者了，偷偷告诉您，前不久主管刚找我谈话，有意向给我加薪。"

我知道这意味着小董可能要升职了，不可否认，这样的改变不仅客户受益，对他将来的发展也是一种无形的助力。

一个人不仅要在专业知识上扎实，在第一印象分上也要为自己努力争取，才能更好地促成职场上的发展，为自己未来的道路铺满鲜花。

著名哲学家培根说，一个人如果对待陌生人亲切而有礼貌，那他一定是一位识时务而富有同情心的好人，他的心常跟别人的心联系在一起，而不是孤立的。

🦌 聊天小秘诀：

距离烘托原则1：主动与陌生人交涉要懂得把握主动权，争取留下好的第一印象。

距离烘托原则2：在专业知识上不断精进自己，这样更容易取得对方的信任。

距离烘托原则3：时刻保持微笑。无论自己的心情好不好，把别人放在第一位，对方才能把你放在第一位。

2. 幽默是最好的开场白

著名古希腊哲学家亚里士多德说：The secret to humor is surprise。这句话翻译过来就是，幽默的秘诀是出人意料。

所以，如果你想在开场就出奇制胜，掌握这个秘诀至关重要，它会助你旗开得胜，给人留下深刻的印象。

当然，在遇到幽默之前，你可能会遇到 N 个喜欢装高冷的人，他们说，这样比较有神秘感，给人想一探究竟的欲望。

蒋飞就是这样的一个人。

海滨公园开办第一届美食节的时候，我们相约一起去称霸整条美食街，不吃上三圈绝不回家。妮娜带来了一个陌生朋友，他就是蒋飞。

事实上，当我把蒋飞定义为"朋友"时，总会遭遇其他朋友的反驳："就那冰块脸，也能叫朋友？"我想说是给妮娜面子，他们更不屑地表示，物以类聚，一群逗比中间不该存在高冷的另类生物。

那天，妮娜迟到了，等她到达的时候，我们几个人手里都或多或少地拿着一些美食正在试吃，心情也在美食中不断得到满足。

"唯美食和美景不可辜负也。如果一定要让我舍弃一样，我宁愿常驻美食街。"谷谷的感叹引起我们的哄笑，老远看见妮娜姗姗来迟，她又调侃，"娜娜仙女，等到你可不容易呀，看看隔壁大妈的广场舞都跳到 19 节了，你才出现……"

"不好意思！"妮娜虽然这样说，但她的脸上丝毫看不出愧疚，她是有名的"迟到大王"，我们也不在意，倒是被她身后一个严肃的小伙子吸引住了。

"男朋友啊？"我用手肘戳戳妮娜，好奇地问道。

"不不不，就是一个朋友，我妈一个小姐妹的儿子，我妈非让我带着他出来玩，我也没办法。其实我跟他也不熟，就小时候见过几次。"妮娜说完，顺便帮我们介绍跟蒋飞认识。

谷谷向来都是自来熟，尽管跟蒋飞是初次见面，却一点儿也没有陌生人的矜持，反而热情地先跟他打招呼：

"Hello，帅哥，我们都是妮娜的小伙伴，多多指教哈。"

相对于谷谷的热情，蒋飞显得冷淡了许多，他只是礼貌性地对我们点点头，竟无视我们似的开始自顾自地乱看。

谷谷跟我面面相觑，妮娜也感觉到了尴尬，只能讪讪一笑追了上去。

"哇，这哪家大爷呀，这么拽，说句'你好'会死啊？"谷谷按捺不住自己火暴的脾气，有点愤懑地说道。

"也许是高冷的'霸道总裁'吧？"我开玩笑地想排解谷谷的情绪。

"'霸道总裁'可不背这个锅，又不是哑巴，这么瞥一眼是什么鬼，瞧不起人哪？"因为激动，谷谷的毒舌也开始发作，"难道说是扮酷？拜托，什么年代了，内裤还是外裤啊？"

"得了，差不多就行了。"再不阻止，谷谷会越说越兴奋，其他朋友也跟着安抚她，"咱们玩自己的，这种大爷就让妮娜自己去伺候吧。"

妮娜也知道蒋飞的冷漠得罪了这帮朋友，回家路上对他说："我那些朋友都很好相处的，你真的没必要这么沉默，反而给人很疏远的感觉。"

"我不是有意要这样，只是不知道该怎么跟陌生人相处。"蒋飞这才向妮娜解释误会，"也许多接触几次，他们应该就能理解我了吧？"

妮娜心想着，还指望别人先来理解，恐怕以后没有多少能接触的机会了。

原本陌生的关系，加上"沉默"的标签，不仅得不到他人的理解，反而给人留下疏远的第一印象，产生无法跨越的距离感。原本能够进展的关系，演变成了"在沉默中灭亡"的结局。

生日会那天，谷谷特地定了一间 KTV 包厢请客，她通知阿商一起来。阿商不好意思直接拒绝，只好委婉地说："不是我不肯来，这两天我大学同学大奎在这边玩，我得陪他，把他一个人丢在家里不太好哇！"

"没事，你把大奎一起带来吧，都是年轻人，怕啥。"谷谷向来热情，也不在意多一个陌生人，"你的朋友不就是我们的朋友嘛，只要合得来就行。"

谷谷把话都说到这个份儿上了，阿商也不好意思再推辞，便答应了。挂了电话之后，他对大奎说："我好朋友今天过生日，叫你一起去，没问题吧？"

"不太好吧……"大奎有些犹豫，"你知道的，我不太会说话。"

"我朋友都很好相处的，不用担心。"阿商安慰他，"如果你实在待不下去的话，那我们就提前回来，好吗？"

吃晚饭的时候，阿商便带着大奎一起到了约定地点。经过简单介绍之后，大奎没有大家想象的那样开朗，只坐在座位上不说话。

我们生怕冷落了大奎，就特地挑一些他能一起参与的中性话题来聊，甚至在得知他跟阿商一起玩王者荣耀的时候，就跟他探讨起了游戏。

"大奎，你通常都玩哪个英雄啊？"谷谷也是游戏迷，虽然经常坑队友，但她不在意输赢，只管自己玩得开心。

"我不太玩。"大奎的话，像一瓢冷水浇灭了谷谷想继续说下去的热情。

"大奎正在准备考公务员，学习时间都不够用，所以最近不太玩。"阿商赶紧补充了一句，众人恍然，没有深究。

"真厉害，还能下决心考公务员，我早就放弃了。"我也参加过公考，众所周知，公考的竞争压力大。

听闻我的话，大奎看了我一眼，轻声说："还好。"

大奎的声音不大，但在座的朋友都听到了，却不知道该怎么接他的话茬，想让他融入这个环境的想法也淡化了许多，便开始聊自己的话题。

对于"话题终结者"，向来都让人感觉不太友好。

唱歌、喝酒，周围的朋友都玩 high 了，谷谷的心情不错，对大奎说："这位同学，你也来一首吧？大家一起开心一下啊！"她的本意是希望借着热闹的气氛，尝试着让大奎跟大家都熟悉起来。

"我不太会唱歌，听你们唱就好了。"大奎不假思索便拒绝了谷谷的提议，一边的阿商也只能陪他坐着，偶尔跟我们交谈几句。

"我们先走了，明天还要早起去普陀山呢。"阿商找个借口带着大奎提前离开了，谷谷没有加以挽留，摆摆手算作道别。

阿商和大奎前脚刚走，谷谷就不耐烦地说："这年头是不是都喜欢装'霸道总裁'呀？言情小说看多了吧？"

会聊天的人都懂得，沉默无法调动轻松的氛围，安静也无法加深陌生人的第一印象，不仅会产生隔阂，更易让人打上"难接触"的标签。

然而，这个道理不是所有人都懂，一如蒋飞和大奎。

想起刚认识阿木的时候，是在一家东北菜馆。

前阵子，那家东北菜馆在海岛官方美食公众号推出了一项优惠活动，优惠力度很大，原本四人份的套餐优惠至接近三折，菜系包括东北很经典的一些"硬菜"。

趁着优惠打折，我们的密友圈便发起组团"穿越黑吉辽"行动，阿木就是在这次活动中加入我们圈子的。

　　原本对在角落里沉默的阿木没有特别印象，他也只是听着我们熟识的几个朋友在聊天，直到套餐上桌之后，我对他才有了印象。

　　对于我们这个吃货团来说，四人份的套餐分量着实有点少，但是本着"吃白食不能挑剔"的原则，我们谁也没有先开口。

　　"都说东北菜分量足，这是一人份的吗？"阿木冷不丁冒出一句话，立刻让人眼前一亮，简直是我们的心声啊！

　　一旁的服务员脸色显然有点不太自然，但依然还是很有服务精神地耐心跟我们解释："你好，这是四人份套餐哦。"

　　因为是一家新店，店老板也格外重视每一位顾客的体验，看到我们这边挺热闹，就走到我们身边，笑着问道："请问有什么能帮到你们的吗？"

　　原本只是一群朋友的嬉闹，因为店老板的参与没准会演变成口角事件，我们怕场面会失控，急忙跟店老板解释："我们只是开玩笑的，您看看我们这群人的模子，以为这是一人份的量。"

　　店老板悄悄打量了在座的朋友一圈，憋住笑，情绪倒也放松了很多，也似开玩笑地跟服务员说道："这桌还没有上的菜跟厨房说一下，加点儿量。"

店老板的话语调节了原本尴尬的气氛，一旁的阿木也帮腔说道："可别小瞧了我们海岛人民的胃口哇，那是大大的有。"

"那是的，海岛人民都是海量嘛。"店老板说完也跟着我们笑起来。

店老板走了之后，我们又继续聊天，阿木突然成了朋友中的焦点。

"你说话真幽默，像我就不行，特别是在陌生的环境，我一说话就会脸红。"阿吉不好意思地又脸红了。

"阿木这幽默劲儿，跟谷谷倒是有的一拼。"华雨说道。

"瞎说，谷谷明明是毒舌。"我在一旁也搭了腔。

"咳咳，大姐，你说的是我吗？我还在这儿坐着呢，麻烦把我当个人看，好吗？"谷谷不愿意了。

阿木看着我们你一言我一语的，刚接触时候的那股子疏离感早就抛得烟消云散。从那之后，他经常参加我们的聚会，俨然成了我们密友圈中的一分子。

开场白把握得好，能促进大家之后的友谊发展——配以不失礼貌又幽默风趣的话语，不仅能瞬间化解矛盾和尴尬，还能在无形中消除隔阂，拉近彼此的距离。

《奇葩说》强强出品的《好好说话：新鲜有趣的话术

精进技巧》里提到，幽默感是营造氛围的能力，而不只是讲笑话，避免误伤很重要，技巧归技巧，心态得放松。

所以，想有一段好的开场白，请放松你的心态，尽情把你的幽默释放出来，成为人群中闪亮的焦点。

聊天小秘诀：

气氛烘托原则1：幽默的说话方式能给人眼前一亮的惊喜，将原本陌生的环境烘托成熟络的交流，化解尴尬，增进彼此的感情。

气氛烘托原则2：区分幽默和搞笑的差距，幽默是能让人感受到说话者的智慧和引导能力的存在，而搞笑则显得肤浅了一点儿。

3.善用赞美

你有没有遇到过一种人，不管做任何事都专门喜欢挑别人的语病或者漏洞，从他的嘴里从来听不到任何鼓励或是赞美之词。但他们却以为这样"另类"的方式更容易给陌生人留下突出的印象，博得对方的好感。

时间久了，你会发现，最后他们身边剩下的朋友已经寥寥无几。

尉迟君说，她每每想起阿荀的同事司琪，就很庆幸最后他们没有在一起谈恋爱，否则就得失去一个好哥们儿了。

阿荀刚进公司的时候就注意到了司琪。司琪是一个漂亮的姑娘，性格活泼，会打扮，听其他同事说，她是"部门之花"。阿荀想追求她，她也没有明显拒绝，阿荀便觉得自己有机会。

有一次周末，阿荀约司琪一起吃饭，顺便介绍自己的好朋友尉迟君给她认识。他的私心很简单，如果司琪答应了这个请求，大概也是默认能进一步发展了，那么尉迟君作为他的好朋友，他一定会第一个介绍给她认识。

阿荀兴致勃勃地在川菜馆订了一间包厢，由于周末的关系，尉迟君在附近找了很久的停车位，等她到的时候，司琪已经到了。

司琪默默地坐在那边，表现得十分不高兴，但神经大条的阿荀没有发现这个异常。

阿荀让司琪点菜，她也只是简单点了几份素菜。阿荀以为她第一次见到尉迟君有些含蓄放不开，于是让尉迟君帮忙再加几份菜。因为平时两人关系很好，尉迟君便毫不客气地连点了好几份。

坐在一旁的司琪终于按捺不住地说道："你已经这么胖了，应该少吃一点儿，其实我们三个人也吃不了这么多。"

尉迟君没有反应过来，微愣了一下，旁边的阿荀尴尬地一笑，拍了拍尉迟君的肩膀说："没关系，她食量大，吃得完。"

有了不好的第一印象，尉迟君的话比平日里少了很多，并没有跟阿荀侃侃而谈，这顿饭三个人吃得都异常尴尬。

散场后，阿荀把司琪送回家之后，给尉迟君发了个消息问："你对这姑娘感觉怎么样？其实，平时在公司她还挺好相处的。"

"我吃她家大米了吗？我胖关她什么事？以后不要叫我跟她吃饭了。"尉迟君毫不客气地说道。

阿苟想破脑袋想扭转尉迟君对司琪的印象，隔了一阵子正好有一场电影首映式，是尉迟君喜欢的漫威系列，于是，他又约她一起看电影，也顺便约了司琪。

由于首映式在半夜，尉迟君不小心睡过了头，临进场三分钟的时候才与他们会合。

看着大老远走过来的尉迟君，司琪的"杠精"体质又发作了，她自认为跟阿苟的关系比较好，而尉迟君又有错在先，于是指着她说道："腿这么短还跑这么慢，我们差点都要被你害得迟到了。"然后看到她只是随意套了一件衣服，又说道，"你腿短，屁股又那么大，就不要穿短装了，穿短装一点儿都不好看。"

尉迟君心里一万个不高兴，即便是身为好兄弟的阿苟都不曾这样挑剔过自己的身材，何况司琪只是暂时算阿苟的女朋友，自己跟她的关系只能用陌生人来形容——她们除了知道彼此的名字以外，其他的一无所知。

后来，群里有人让阿苟介绍女朋友的时候，尉迟君调侃地说："阿苟自己美着呢，可就是那姑娘牙尖嘴利的……"

"阿苟，你脱单啦？"我好奇地问道。

"没有没有。"阿荀赶忙解释，"经过几次相处之后，我发现我跟她不太合适，她那张嘴确实不太讨喜，别说尉迟君了，次数多了我也受不了。后来在公司就跟她也不怎么接触了，而且我发现她的同事缘也不是特别好。"

"这就对了。"尉迟君接道，"别说我了，我看我们这群人都跟这姑娘合不来——甭提有多坑了，我怀疑她说话不过脑子，就凭长得漂亮吗？"

不考虑熟悉的程度，便口无遮拦地一味挑剔别人的过错或不足，没有顾及自己的形象，也没有顾及他人的感受，就有可能给自己树立敌人。

武林带着新人艾米去跟老客户叶总洽谈合作项目，叶总委派下属小星作为这次项目的负责人。

武林想给新人学习的机会，让艾米主导这次合作项目，他语重心长地对艾米说："想更快更好地在项目中学到技能，多负责几个项目就知道了，年轻人要敢闯，对自己要有信心。"

原本有些胆怯的艾米受到鼓舞，决定勇敢地试一试。

小星整理了一份资料传给艾米，让她尽快将项目报表明细做出来。但艾米是新人，又是第一次独立做项目，上手的速度并不像其他前辈那么快。

"艾米，项目报表进度怎么样了？"

"艾米，什么时候可以给我初稿？"

"艾米，尽快把初稿完成给我。"

……

小星按照一日三餐的时间催着艾米，给了她巨大的压力，她几乎天天加班，仍然达不到小星的要求。

大概一周之后，武林去询问艾米的工作进展，艾米疑惑地问："武总，我们做项目通常是几个工作日啊？对方天天催着，我有些头大……"

武林安慰她："没关系，你是新人，可以适当允许比其他老人慢一点儿。我跟对方叶总打过招呼了，但你一定要保证质量，这是我对你最基本的要求，应该可以做到吧？"

艾米知道武林已经很照顾自己了，内心感激不尽，也暗暗鼓励自己要更加努力，不要辜负了武林的栽培。

艾米日夜加班，终于把项目报表做完。初稿交给小星的时候，她不自觉地松了一口气，但没想到小星的态度却极其恶劣。

"这做的什么鬼呀……"小星粗略地翻了一下项目报表，当着武林的面指责艾米，"你们新手做事也太差了，不仅速度慢，还做出这种效果……"

艾米第一次接触客户，小心翼翼地问道："哪里有问题，我可以再去修改……"一旁的武林没有说话，她见武林表情严肃，继续说，"其实，这个初稿也是经过上级领导审核的，应该不会有特别大的问题。"

"就算领导审核过了，也不一定能满足客户的要求，不要什么都推给领导，你这是推卸责任！"小星咄咄逼人地说道。

"不不不，我只是说我的项目报表确实可能存在问题，但应该不至于像您说的那样特别差……"艾米赶忙解释。

令武林更意外的是，小星不仅当着他的面指责他的下属，回到自己的公司后，跟叶总也添油加醋地汇报了相关情况："叶总，以后我们跟这家公司不要合作了，竟然只派一个新手过来，做出来的质量也不行，根本没法用。"只是，小星并不知道武林和叶总的关系。

"哦？你把项目报表拿给我看下，我看看到底有多糟糕。"叶总大略翻了一遍小星递过来的项目报表，对小星语重心长地说，"其实，每个人都有一个新手阶段，包括你自己也是一样的。你想想自己还是新手的时候，是不是也遇到过类似的情况，如果对方也这样指责你、挑剔你，你会有什么样的感受？"

小星很想反驳，但他想起自己刚出道的时候，被领导训斥不说，甚至被人当面把报告摔在身上的遭遇，不自觉地有些脸红，不知道该怎么应答才好。

过后，我和武林、叶总一起吃饭的时候，他们说起这件事，问我："如果是你，你会怎么做？"

彼时我手里也有这样的员工，那阵子正好在处理这种事，颇有心得，于是我说："这帮年轻人哪……以我的性格，我是一定会给这样不知天高地厚的员工一点儿小教训的，我希望能告诉他们，很多时候，鼓励和赞美别人会比苛责来得更容易把事情处理好。"

赞美和鼓励是最好的说话方式，吝啬赞美和鼓励不仅会伤害别人，也不免会遭到别人的记恨，对于自己的前景有害无益。

闫冰第一次相亲就遇到了自己心仪的姑娘丹丹，后来，丹丹真的成了他的爱人。

我们都特别好奇，平时冒着傻气的闫冰，竟然相亲一次就成功了，比起我们这些已经是"相亲大队"的老油条，真是让人刮目相看。丹丹笑着说："我是被闫冰的花式赞美给轰炸倒的。"

闫冰相亲那天，我们都是知道的，他打扮得人模人样的，我们很好奇，想跟着去凑热闹，他奋力阻止了我们。

"小伙子，打扮得人模狗样的，还不让我们围观一下？"我嘲笑他。

"去去去，我怕我媳妇被你们吓跑了，那你们上哪儿赔给我？"闫冰不甘示弱地反驳。

等闫冰到了指定的咖啡吧包厢，丹丹已经到了，双方不动声色地观察对方。

在闫冰眼里，对面的姑娘安静而又中规中矩，内敛地坐在那里，等着他先开口。"不好意思，我迟到了。"他考虑再三，觉得自己应该先打破僵局。

"没事，我也刚到不久。"丹丹淡淡地说完，又沉默下来，场面陷入静默的尴尬中。

"你很文静……"这次丹丹没有回应，闫冰尴尬地摸摸头，"对不起，我不太会说话，就是觉得你蛮吸引我的，就忍不住想跟你多说几句话，这不会让你觉得唐突吧？"

这半推半就的赞美，让丹丹一下子不知道怎么回应，不好意思地笑了笑："你真会说话。"

"不不不，你别误会，我平时没那么油嘴滑舌……"闫冰赶忙解释，生怕给对方留下不好的第一印象，"我就是觉得你很吸引我，既然是相亲，就要抱着能成功的想法，又正好遇到感觉对的姑娘，所以就……"

"没事没事，我懂。"丹丹说道，"自我介绍一下，我叫丹丹，是某局的行政办事员。"

　　"瞧我，一紧张就给忘了。"闫冰这才想起来还没有做自我介绍，"我叫闫冰，做工程设计，不过……"他想给丹丹留下好印象，又继续说道，"你别看我是理科生，可我骨子里是文艺青年，所以我经常让身体和灵魂总有一个在路上。当然啦，最好能找到可以跟我一起闯荡的人，那旅途应该会更愉快。"

　　丹丹听闻，捂嘴偷笑："你说得文绉绉的，跟你的外形好不搭。"很显然，她整个人也轻松了许多。

　　"如果我频繁爆粗口，那我不是直接被出局了吗？"闫冰调皮地解释道。

　　"你追女孩子嘴巴都是这么甜吗？专挑好听的词说。"丹丹调侃他。

　　"以后有机会介绍我那些损友给你认识，你就会知道，我可是我们圈子里出了名的毒舌。"看到丹丹递过来的怀疑眼神，闫冰又忙改口，"当然啦，要是遇到我喜欢的人或东西，我也不会吝啬赞美，比如说现在，我就觉得你既温柔又文静，是我喜欢的类型。"

　　这一通似有若无的赞美，把丹丹说得一脸通红。过了一会儿，他们都觉得总是坐着喝咖啡聊天有些单调，于是便去步行街逛逛，即便没什么话说，也不会显得特别尴尬。

　　丹丹无意间看中一件衣服，闫冰鼓励她去试试看，她有些不好意思："第一次见面就让你陪我试衣服。"

"我的荣幸。"闫冰边说着，边让服务员查看适合丹丹的尺寸，但丹丹试穿后并没有想象中的满意和惊艳，"衣服的款式还不错，就是你穿得稍显成熟了些。我觉得你可以尝试往更年轻的方向搭配，女孩子不是都喜欢青春洋溢吗，你还没有到需要假装老气横秋的时候。"

闫冰没有明着否定衣服不好看，但丹丹听得出来，他并不赞成买这件衣服，说的理由又无可挑剔。她听了他的劝告，两人继续逛。

走到另一家店的时候，丹丹试穿闫冰提到的年轻一点儿的风格。她从试衣间出来的时候，听到他说："这件衣服跟你非常搭，你的眼光真不错。"虽然只是一句简单的赞美，却让丹丹觉得特别开心。

说到这里，丹丹便没有再说下去。一旁的闫冰宠溺地说道："媳妇，你怎么把我们相亲的老底都兜给他们了，你不知道我会被他们嘲笑一辈子吗？"

"你小子什么时候这么会说话了，拿出你毒舌的天赋来呀！"阿杰嘲笑他。作为朋友，真为他们的幸福高兴。

赞美并不是说好话这么简单，事实上，它是一种良好的表达方式，把自己真诚的善意传达给被赞美的对方。

赞美需要发自内心，让对方感受到真诚，才能让对方增加对自己的好感和信任度，使之后的发展更加顺利。

　　著名心理学家弗洛伊德说，人可以防御他人的攻击，但对他人的赞美却无能为力。

　　这就是恰到好处的赞美的力量，能让人有许多意想不到的收获。所以，要让赞美收获更好的效果，就必须懂得巧用赞美的技巧。

🦌 聊天小秘诀：

　　正面烘托原则 1：不能过分使用太多虚假的赞美之词，否则会让人觉得虚伪和不舒服，反而心生厌恶。

　　正面烘托原则 2：赞美需要发自内心，态度诚恳，真诚引发对方的共鸣。

　　正面烘托原则 3：赞美需要有分寸，语言需要具体，否则，会让对方觉得是敷衍而无法信服。

4. 越陌生，越要有话题

知乎上有许多人问，跟陌生人聊天用什么技巧？聊什么才会有话题？令人疑惑的是，有上千人关注这个话题，真正回答的却寥寥无几。

原来，被这个问题困扰的不止我们身边的你我他。

"哥们儿晚上要去相亲了，朋友介绍的妹子，等哥们儿的好消息吧。"姜越在群里说。

那个"妹子"就是韦梅。

我们都等着姜越来报喜，他却悻悻然地表示："唉，跟陌生人聊天真的很难，两个人之间根本找不到话题，越聊越无趣，这次大概又要失败了。"

"怎么会没话题呢？第一次见面，也不熟悉，天南地北地聊呗，总有话题是两个人能接上的呀！"我疑惑地问道。关于这个问题，在姜越上一次相亲的时候，我就跟他提过。

"那是你！"姜越回复我，"我也按照这个思路去做，但是我感觉我说的她都不感兴趣，场面很尴尬。"

当时，韦梅还没到来，姜越就已经等在咖啡室，他觉得不能让女孩子等他，这是对姑娘最基本的尊重。

因为第一次见面，韦梅和姜越都有些拘谨，相互自我介绍后就陷入了沉默。姜越想着，应该由他来主动打破僵局，便开口问道："你……平时都做些什么呀？"

"看看电视剧，玩玩游戏，也没什么特别的事。"韦梅简单地回答。

听闻韦梅也玩游戏，姜越顿时觉得他们有了共同话题，赶忙又说："我平时也玩游戏，下次我们可以一起玩啊！"他看到韦梅的嘴角扯了一下，也觉得自己有些唐突，自己连对方玩的是什么游戏都不知道就说要一起玩，又问道，"那你玩的是什么游戏？"

"后宫养成类的游戏……"韦梅掩饰不住自己的笑意，但却让姜越异常尴尬，他不知道该怎么继续这个话题。

既然聊游戏这条路走不通，那就聊电视剧吧，姜越就换话题："你喜欢什么类型的电视剧？最近《黄金瞳》很火，而且又是张艺兴演的，你们女孩子应该会很喜欢吧？"

"《黄金瞳》？"韦梅一脸的迷茫，似乎第一次听说，想起自己刚说喜欢看电视剧，解释道，"哦……我看韩剧和日剧多一些。"

　　姜越从来不看韩剧和日剧，连那些明星都不认识几个，这让他一度陷入不知所措的状态，觉得自己已经丢了两次脸，都说事不过三，他忽然没有了继续找话题的勇气。

　　而韦梅似乎也没有主动找话题跟他聊的打算，自顾自地坐在对面抿着咖啡玩手机，手指敲屏幕敲得飞快，也许正跟朋友聊得开心。

　　"没有其他事的话，今天就先这样吧，我朋友叫我出去 K 歌，都等着我呢。"韦梅说着，作势要起身离开。

　　"留个联系方式吧，下次有机会再聊。"姜越象征性地加了韦梅的微信，但他知道，大概没有下次了。

　　有时候男人的心思未必比不过女人的细腻，韦梅对他的反应，告诉了他这些信息。

　　第一印象淡薄，又没有共同话题，他们只能是陌生人，下次在街上遇到都不一定能认出彼此。

　　陌生人之间原本就存在原生态的距离，因为彼此不熟悉不了解，没有共同的朋友，也不清楚对方的兴趣爱好——没有彼此感兴趣的共同话题做引导，跨不出了解彼此的第一步，陌生人便只能是陌生人，即便以后遇到也只是个点头之交而已。

　　临近过年的时候，家里又催边凯赶紧带个女朋友回来。

迫于母亲的"淫威"，他给我发了一条消息："还记得上次你带来的那个蓝莓姑娘吧？介绍哥们儿认识一下呗，我对她感觉挺好的。"

两边都是我的朋友，我也乐意牵这条红线，能促成一段姻缘也不失为朋友圈的一段佳话。于是，挑了一个周末，我把边凯和蓝莓都约了出来。我知道，蓝莓并不排斥这样的安排。

介绍他们相互认识之后，我便坐在一边寻着机会离开，让他们有更多独处的时间了解彼此。

"我们之前见过的，你还记得吗？"边凯不知道该怎么打破他们之间的沉默，只好拉着我当垫背，指着我继续说，"是我想认识你，让慕慕帮我引见的。"

原本以为会等来对方说一声"记得"，结果蓝莓毫不客气地如实说道："不记得了，不过今天慕慕介绍后我就记得了。"

蓝莓话锋一转："没事，一回生二回熟嘛，以后会慢慢熟起来的。"这让原本心里不舒畅的边凯好受了一些。

他们的尬聊，我实在有些听不下去了，便作势跟他们道别，让他们自由发挥："你们聊着，我还有事就先走了。"

"你有什么事啊，我跟你一起去吧。"蓝莓拉住准备离开的我，"要聊天以后有的是机会。"

　　我诧异地看了一眼蓝莓，心想着，你俩聊得好好的，你跟着我是什么意思？蓝莓悄悄地附在我耳边说："你不在，我都不知道跟他聊什么……"

　　"嗯……慕慕有事就让她先走吧。"边凯巴不得我赶紧离开，丝毫没有注意蓝莓瞪了他一眼的细节。

　　"你刚才跟慕慕说了什么？"我刚离开，边凯好奇地问。

　　"我不想让她走，她走了我们就没有话题聊了。"蓝莓翻了一眼，没好气地说道。

　　"怎么会没有话题呢，你想聊什么，我都可以陪你聊哇！"边凯反倒不以为意，"比如说，平时你都是怎么打发自己的时间的？"

　　"我没有时间打发自己的时间。"一听是"打发"时间，蓝莓似乎有些不高兴，说话的语调也淡了许多，"你可能觉得这句话听着挺拗口，但确实是这样。"

　　"听上去挺忙的。"边凯更为好奇，"那你平时都忙些什么？"

　　"除了上班，还要充分利用下班后的几个小时学习，精进自己和兼职赚外快两不误嘛。"

　　边凯越发喜欢眼前的蓝莓，这样上进的姑娘，他身边太少了。

　　"你呢？"出于礼貌，蓝莓反问边凯，"你平时对什么感兴趣？你们男生应该喜欢那些比较热闹的东西吧？"

比起蓝莓的上进，边凯似乎有些不好意思地说："平时我也没什么事，玩玩王者荣耀，跟朋友打打吃鸡游戏。"

"那太浪费时间了，明明可以做更多有意义的事情。"蓝莓感叹，对于她来说，她需要一个能跟她共进退的人，而不是一个无所事事的玩伴。她的态度冷淡了许多，对于边凯之后的问题也失去了兴趣。

离开的时候，边凯给我发信息，让我打探一下蓝莓对他的印象。蓝莓说："他需要一个一起玩着打发时间的人，我需要一个能跟我一起创造未来的人，三观不同，以后会有很多矛盾，话不投机更是扼杀感情的利器。"

存在共同的话题和兴趣爱好，才能有聊下去的契机和动力。关注点完全不在一个频道，却要假装"我们可以通过熟悉了解而改变"，那几乎徒劳无功。

世界很忙，如果只是陌生人，每一个人都没有义务和兴趣陪你尬聊。

梁闵彦来杭州看良子的时候，把良子高兴坏了，兴奋地拉着我的手说："是骡子是马要拉出来遛遛了，不知道会不会见光死？"

"她就是你那个传说中'最熟悉的陌生人'？"我有

些惊讶地问。

"对对对，就是她！"良子很坦然地说，"真的，我们特别投缘，可以聊很多的话题，也可以相互吐槽，一点儿也不会觉得对方聒噪或尴尬，就像是已经认识了很久的朋友一样。"

良子和梁闵彦是在网络上认识的朋友，确切地说，她们根本不认识彼此，只是玩游戏的时候刚好在同一个家族，家族频道里聊得多了才相互加好友，结果一发而不可收，从线上发展到了线下。

"闵彦，快来，宝宝心情不好，求陪陪。"良子心情不好的时候，就会找她撒娇。

"宝宝，怎么了？"只要良子来找她，梁闵彦不论多忙都会第一时间回复。

"今天被一个客户臭骂了一顿。本来没什么事，我也承诺今天加班加点会帮他把项目赶出来，他还是不高兴，说我们小年轻做事不负责任，随随便便地只是想敷衍他们。"良子吐槽道。

"有些客户就是这样，林子大了什么鸟都有，别在意。"梁闵彦安慰良子，"不过，你既然答应了今天要赶出来，这点可不能食言哦。"她顺便提醒良子。

"其实，明天给他也没关系呀！"良子心里不乐意。

"这怎么能没关系呢？这可是信用度的问题，关系到自己的名声。"虽说只是网友，梁闵彦却丝毫没有因为网络的距离而不管不顾，她从来都表现得十分真诚，这也是良子喜欢她的原因之一。

"那我先把事情做完。"良子心不甘情不愿地去实现她对客户的承诺，"晚上上线了我再呼你哦。"

梁闵彦简单地说了句"等你"，便不再打扰她。

好不容易忙完，良子赶紧上线找梁闵彦，看到她的游戏头像亮着，立刻就在公会频道呼叫："亲爱的，我来啦！"

"赶紧来，在打世界 BOSS，我发你坐标。"说完，梁闵彦甩出一个地图坐标，良子兴冲冲赶过去，"朕来救驾，爱妃等我。"下午被客户闹腾的那些不愉快，早就随着梁闵彦的陪伴而散去。

公会群里时不时还会有同人冒出来调侃："玩游戏的女孩子本来就已经够少了，还一下子来两个妹子，让我们这帮单身狗可怎么办？"惹来她们俩默契地在公会频道一起敲出大笑的表情。

有时候游戏下线，两人也会接通语音聊会儿天。我一度嘲笑良子对梁闵彦像对待男朋友一样依赖，竟还是两个现实中的陌生人。

"有什么关系，谁说陌生人就不可以是好闺密？"良子大言不惭地反驳我。

　　所谓聊得来，大概就是三观相似，兴趣未必相同，但努力的方向大致一样。即便只是陌生人，有话能聊，沉默也不尴尬，独处时和相处中都一样舒适自然。

　　三观不同，可以兼容；但三观不合，自然难以相处愉快。

　　人与人之间的相处，聊得来很重要。如果总是相对无言，这样势必只能是以悲剧收场。

　　因为聊得来，才会有一见如故的熟悉感；因为聊得来，才会有相见恨晚的庆幸；因为聊得来，才能将彼此的喜怒哀乐毫无保留地向对方诉说。

　　世界上没有陌生人，只有还没有来得及熟稔的朋友。

🦌 **聊天小秘诀：**

　　防御烘托原则 1：陌生人之间产生的只是最初的距离感，如果感觉对盘，但对方又无从开口，可以关闭自己的"防御机制"，先抛出自己感兴趣的话题。

　　防御烘托原则 2：主动尝试了解对方，在话题结尾处以疑问的形式给予对方说下去的机会和动力，鼓励引导对方，在谈话中抓取对方感兴趣而自己又擅长的吻合点深入交流。

第五章

路过妈妈的全世界

如果有时间，多陪父母说说话，带他们去看看世间的繁
华，就像小时候他们拉着我们的手，告诉我们：这就是
我们将来要面对的世界。

1. 说好回家吃饭的孩子们

以前我也是说好回家吃饭却经常反悔的人，临时性起去约会，或者只是忽然想吃湘菜了……母亲说，这是任性，不懂得家人等待的心情，不懂得给家人烧菜的那种热忱被扑灭的冰凉。她说，等你以后也做了母亲就会懂。

工作忙碌的时候，应酬也不断多了起来，吃多了饭馆千篇一律的口味，才知道，能在家里吃上一口母亲烧的菜，才是最幸福的。

有一次，母亲买菜时遇到了董阿姨，董阿姨便问道："买这么多菜，你家姑娘回来啦？看看我家儿子，去年过年时去旅行没回家，这不，前天给我打电话说要回来看看……"听着像抱怨，董阿姨的脸上却难掩开心的神情。

"别提了，我那孩子说是在杭州，每星期都回家……"

母亲倒是挺"嫌弃"我的，却让董阿姨羡慕不已。母亲看她也提了好多菜，又问，"这么多菜，家里要来客人啊？"

"前天我儿子跟我说周末要回来，这不，今天星期六，估摸着一会儿就能到了，我买了些他爱吃的菜……"

那时候我们还住在荷叶湾的公房里，从菜市场到家里还有两个大山坡要走，两人便一路边走边聊，董阿姨顺便就说起了她在上海的儿子。

董阿姨的儿子叫汪斌，比我高两届，我们那帮孩子都是从小在公房的空地里一起玩到大的。后来，汪斌去上海读大学，毕业后也便留在了那里，路途虽近，但一年大概也就回一两趟家。

前天，董阿姨正在海边跳广场舞，手机响了好几声才听到，接起后就听到电话里汪斌的抱怨："妈，你是不是又在跳舞没听到啊？"

一听是宝贝儿子的声音，董阿姨立马精神抖擞，小步慢跑离开音乐嘈杂的范围，应和道："是啊是啊，这不是无聊嘛，没想着今天你会来电话……"

"我每天那么忙，哪有时间老给你们打电话呀？"没说两句，汪斌已经有点不耐烦了，"再说了，也没什么事，你们有事就给我打电话吧。"

"好好好。"董阿姨连连称是，"知道你忙，这不平时也没来烦你。"话虽如此，但她想不明白儿子打这通电话到底是想他们老两口了，还是又要零花钱了，赶忙又问道，"儿子，你是不是又没钱啦，妈明天给你去汇。"

"不是！"汪斌急忙撇清，"妈，我是跟你说一声，这周末我要回家。"

"好，妈妈给你做你最喜欢吃的菜！"一听汪斌要回家，董阿姨笑得合不拢嘴，舞也顾不上跳了，挂了电话就往家赶，要把这个好消息告诉老伴。

好不容易盼来了周六，董阿姨一大早就起床开始准备，又难掩喜悦，逢人就告诉对方她儿子今天要回来了，我们一整栋公房区差不多都知道这事。

当所有人都觉得这一天董阿姨过得充实又开心的时候，晚上在海边散步时却看到她卖力地在跳广场舞，母亲问道："怎么也不在家陪陪儿子，儿子难得回来一趟。"

董阿姨掩饰不住地难过，失落地说："没回来，说是临时有事退了票，下星期再说，也不知道下星期还会不会回来……"早上买菜时那份愉悦的心情早已荡然无存。

孩子说一句"今天我回家吃饭"，父母热情地准备，却可能因为临时有朋友聚会、公司应酬就推拒了跟父母说好的事，简单地回一句"我不回来了"，父母等待的失落，一桌子菜的热情都被瞬间浇灭。

忙着工作的孩子，根本无暇顾及父母的心情，更多的是顾念眼前的事。但我想说，别等到树欲静而风不止了才体会亲情的珍贵，那是一份无私的情感。

海静是我们圈子里出了名的"拼命三娘"，特别是刚跳槽到这家新公司的时候，更是为了巩固自己的地位而忙得焦头烂额，就连我们邀约都要凑在她的空余时间，而且还很可能排在一个月以后。

看到半夜海静还在发朋友圈，我私信调侃她："拼命三娘，你好歹也留点儿时间给我们哪，我都快忘了你长啥样子了。"

"甭提了，我最近忙成狗！"

听了这话，我想说，狗可不背这个锅。她没等我回复，又说道："不止工作忙，现在家里也要忙，我感觉我已经提前步入上有老下有小中间有'妈宝'的年代了。"

我听出了弦外之音，忙问道："是家里出了什么事吗？"不知道海静是压抑了太久，还是纯粹只想吐槽一下生活，我们聊了很多。

海静的丈夫在外地工作，平时孩子上幼儿园都是她的父母在接送，所以她的晚饭一般都在父母家吃。但自从换工作之后，她回家吃晚饭的频次越来越不固定，为此也没少听父母的抱怨。

"静静，近期你的晚饭时间老是不固定，别说妈烧菜难把握，就是你爸每天淘米都有些头疼，烧少了你说回来吃，烧多了你又说不回来，我们就要吃好几天的剩饭剩菜……"诸如此类的话，海静没少听，但她不敢替自己辩解，因为不想耽误工作，又怕伤了父母的心。

为了应付总公司的检查，海静的部门要赶资料，她索性说："妈，最近公司忙，我要加班就不回来吃饭了。"还补充了一句，"最近都不会回来吃饭。"

直到有一天傍晚接到父亲的电话，听闻母亲被电瓶车撞倒，现在正在医院检查，海静才惊觉自己已经很久没有回家吃饭，也很久没有关心过父母了。

海静赶到医院的时候，母亲刚拍完 X 光片，就跟父亲坐在病床边等结果。

"妈，怎么样啊？"母亲平时就有骨质疏松症，这点海静是知道的。看着母亲疼得倒吸凉气，她估计至少也是伤到脚筋了，可能还会骨折，心疼又有些抱怨，"怎么这么不小心？"

在一旁的父亲忙解释："你妈看你几天都没回家吃饭了，想着明天是周末，也没给你打电话确定，就自以为今天你可能不加班要回家。菜都做好了，又临时想去买一份你爱吃的三黄鸡，这不，都到小区门口了却给撞了。"

听完父亲的话，海静又感动又难过，父母总是惦记着她，她却为了少听一些唠叨，宁可吃不健康的外卖。

母亲的诊断结果没有出乎海静的意料，脚踝处骨裂加上伤筋，医生言明一个月内绝对不能用力，还要加石膏固定，每隔一段时间来医院换药。这些活儿自然而然都落在海静的头上，又因为父亲不会烧菜，她还要负担起做饭的重要任务。

公司主管也理解海静为人子女的责任和义务，允许她在母亲养病期间提前下班，但要保证不耽误工作，她只好把需要加班的工作都搬到家里来做。

"那你现在不是要累死了？"我问道。

"还好，菜都是我爸提前买好的。"海静回顾起自己最近忙碌的生活，忽然心情大好，"但不得不说，最近这阵子我们家都充满欢声笑语，不再总是抱怨，这种氛围倒让我挺喜欢的。我妈还说，她要感谢那个车主，她已经很久没有好好享受这样的天伦之乐了。当然，如果我妈没有这次意外，我可能也不会放下工作好好陪他们。"

父母的等待是一种幸福的关爱。

吃顿家常便饭看似极其平淡，在饭桌上聊聊自己的工作和生活，聊聊父母的兴趣和健康，却是促进亲情温暖的桥梁。

前同事毛毛是公司里人人嘲笑的"妈宝男"，每天下午茶时光，就是嘲笑他的最佳时段，因为这个时段他要向"上级"汇报行程。

"妈，晚上我要稍微加个班，七点多才能到家。"

"妈，今天我正常下班。"

"妈，今天有个朋友聚会要参加，我不回家吃饭了。"

"爸，跟我妈说一下，晚饭时我晚点到。"

这是毛毛和父母的日常通话，他每天打完电话，办公室里都会响起不同程度的笑声："妈妈宝又在汇报了。"

"我说小毛，你都这么大个人了，做什么事还要向你妈汇报哇？那你以后谈恋爱，女朋友是不是也让你妈给你挑哇？"同事调侃道。

"不是的，我就是跟我妈说一声我的晚饭问题。"毛毛忙解释，"通常四点半左右就能知道晚上有没有聚会，提前跟家里说，就能避免很多问题。"

以前，毛毛也是个临时起意的人，说好了回家吃饭，朋友一个电话就直接改变了行程。因为他母亲觉得一家人一起吃饭才像个家，于是在不知道他已经改变行程的情况下，父母一直等着他，直到七点多仍然不见他回家，才拨通他的电话。

毛毛一接通电话，就听到电话那头母亲焦急的声音："毛毛，你怎么还没回家呀，饭菜都凉了，是不是遇到了什么事啊？"

毛毛这才想起来没有知会母亲，但碍于朋友们都在场，不好意思多解释，敷衍地说："我跟朋友吃饭呢，你们吃吧。"说完就匆忙挂了电话。

晚上回家，毛毛看着厨房叠着的菜，有些愧疚，这就意味着，明后天父母又要吃这些剩菜了。但他知道，母亲从没有给他吃过这些隔夜菜，每次他说回家吃饭，都有两三个新鲜菜是专门为他准备的。

还有一次，毛毛加班，又落下了一班车，到家已经很晚了，父母却还等着他一起吃饭。他有些心疼，也有些懊恼："我没回来，你们就自己吃好了，不用等我的！"

母亲语重心长地说："一家人嘛，等你一起吃饭才像个家，我们先吃了，你回来一个人吃也会少了很多胃口。"

那天饭菜虽然都冷了，但毛毛吃得格外温暖。从那之后，他就养成了每天跟母亲报备饭点儿的习惯。

同事们听完都沉默了，想来类似情况也都遇到过不少，一个个你看看我，我看看你，不知道该怎么回答，也敛去了原本调侃的表情。

"这点我倒是赞同毛毛，我们家也是这样的。"他们不约而同看向我的时候，我想起了母亲的"政策"，"不过我妈更狠，我要是在她做饭前不说明今天有事，那这一天的饭菜钱我都得报销了。"

同事们纷纷表示："这个办法好。"

毛毛在一旁也赞同地点点头，又说道："其实这样更容易拉近跟父母的关系，一家人其乐融融，多好。不用每天听老妈唠叨，也不用看老爸脸色，心情也会好呢。"

提前告诉父母自己的行程安排，既不会浪费食材和感情，也会减少父母的担忧。其实，那些不过都是一个电话、一条微信消息就能解决的举手之劳。

跟家人一起吃饭的乐趣，不在于需要讲究严肃的餐桌礼仪，而是吃上一口热腾腾的饭，说上几句体己的温暖话语。

九把刀在《等一个人咖啡》里说："或许友情同样需要考验，只有亲情才是根深蒂固。"

🦌 **聊天小秘诀：**

亲情加分原则 1：即便工作再忙，也要经常跟家人沟通，聊聊彼此的近况，融入彼此的生活中，使家庭氛围更浓郁。

亲情加分原则 2：原本跟家人约定的事要临时改变，提前委婉地知会他们，有机会在之后做出适当的弥补，保持亲情的恒温。

2. 不能掐断的"电话粥"

恋爱的时候，煲"电话粥"似乎是恋人的标配，恨不得电池永久续航，恨不得话题没完没了，但有多少人会跟父母煲"电话粥"？

听闻母亲俗不可耐的唠叨声、父亲严肃正经的训诫，你大概只想不耐烦地回应："知道了，我又不是小孩子了。"然后，挂断电话才顿觉松了一口气。

你没有看见电话那头父母关切的眼神，也没有注意他们失落的情绪，其实，他们只是想跟你多说几句话而已。

李霞是跟我合租过的室友之一，因为同是姑娘家，睡觉时我们经常不关门，于是，几乎每天晚上我睡觉前都能隐约听到她煲"电话粥"。

这天逮到李霞通完电话，我八卦地问道："哟，姑娘，谈恋爱啦？男朋友在外地吗，天天晚上煲‘电话粥’。”

“单身狗一枚！”李霞坦然地说，“是跟我妈妈在通电话。”

独身在外，我也习惯每天跟母亲打一通电话，但不至于像李霞的“电话粥”那么长。我挺疑惑，又问她：“每天你都跟家里打这么久的电话，哪有那么多的内容要讲啊？”

听我这么问，李霞不好意思地说：“是不是晚上吵到你了啊？”

“没有，没有！”我赶忙解释，“我就是挺好奇的，像我跟我妈都只能讲五六分钟，说完事就挂了。”

“那大概是你经常回家的关系吧。”李霞挺羡慕我几乎每星期都回家，她说，“我的老家远，一年最多回去一两趟，没什么机会陪在父母身边，听他们讲讲老家的事也挺亲切的。”说着，她的眼眶就湿润了起来，“有时候也挺纠结的，我家就我一个孩子，眼看着父母老了，我却没能力把他们接到身边来住，每天只能通过电话慰问他们……”

我知道李霞的老家在湖北的一个小镇，不仅路费开销大，还要倒好几次车，来回确实不太方便，她也不止一次跟我提过应不应该回到父母身边这个问题。

听李霞说，前阵子她父亲的身体不太好，她要求几次想请假回家照顾都被母亲拒绝了，母亲说："你爸现在身边还有妈在，你就不要操心了，安安心心工作，自己多照顾自己，别让我们操心就好。"

那通电话，李霞哭了，第一次对着母亲哭起来。她说："妈，我想回家了。"母亲也在电话里开始啜泣。

一通"电话粥"熄了，黏着电话两头的亲情，拉扯着分不开。

"每次我妈妈说得兴致盎然的，我都不忍心打断她，听她失落的声音，我感觉我都有罪恶感。"李霞打趣地掩盖着自己的情绪，"不能真实地陪伴在他们身边，只能这样敬点孝心了。"

有好几次，我见到李霞回到宿舍已经疲惫不堪，还是会习惯性地打一通电话，但说着说着，电话还在接通中，她已经睡着了，微微的鼾声提醒了电话那头的母亲，她母亲才依依不舍地挂断。

所有父母最关心的事都围绕着孩子，即使不能经常见面，只能通过电话来慰藉彼此的牵挂，也珍惜每一分每一秒能听到孩子平安快乐的声音。

相隔千里万里，剪不断的是电话两头的亲情。

田甜大言不惭地跟我说："我最讨厌煲'电话粥'了，

不论是父母还是男朋友都不会有特例，有事三言两语说清楚就好了，没完没了的，连这点概括能力都没有，还不如别说了。"

"也不是这么说。"我不赞成她的观点，"像我们在外地工作，跟家里打几个电话也正常，说说身边的事，听听家里的事……至于男朋友，那煲的就是情趣了。"

"照我说，你这是恶趣味，这么想念就直接坐着面对面说呗，说到天荒地老都成啊！"她反倒鄙视了我一番。

很显然，关于"电话粥"这个话题，我跟田甜始终没有达成共识，她也确实用行动证明了自己表里如一。

有一天晚上，田甜给我发消息说她发烧到了 39℃ 多，不想去医院，但被我硬拖着去就诊。医生开了两瓶点滴，田甜边打着点滴，我们边聊天。

此时，田甜的手机响了起来，我瞟了一眼，屏幕上写着"家"。我知道田甜跟男朋友刚分手，不可能是前男友，想来应该是她父母打来的。

"喂，妈。"田甜一改跟我聊天时轻松的语调，眉头也微微皱了起来。我正奇怪她的反应，就听到她又说道，"我不是跟你说了吗，没事不要给我打电话，每天都打来的，烦不烦啊？"

电话那头的回复我不得而知，但可想而知，听闻女儿这样不耐烦的语调，情绪也不会好到哪里去。对比李霞的念家，我对田甜的反应疑惑不解。

"关心？我看是远程监督吧？"田甜对着电话没好气地说，"我都这么大的人了，不要老是这样盯着我，我最烦你们这样了。"

其实，在父母的眼里，我们永远都是孩子，我个人觉得这无可厚非。但在田甜看来，这更像是一种束缚。

"我好着呢，有事我会给你们打电话的，挂了。"还没等电话那头回复，田甜已经挂了电话。看到我略有些吃惊的表情，她也有些不自在，"咳咳，我妈啦，每天都打电话，也没什么事要说，巨烦。"

我抬头看看还在头顶滴答着的点滴，再看看田甜脸上难掩的尴尬，我不解地问："你跟你妈妈说话的态度似乎不太好，是两人关系不好吗？"

"也不是关系不好，就是我要是和和气气的，她能说个没完没了，说到没电为止，你信吗？"田甜解释道，"你知道的，我不喜欢煲'电话粥'，而且说来说去都是那些说教的唠叨，什么好好找对象啦，要照顾好自己啦，吃得好一点儿啦……听多了耳朵都长茧了，心累呀。"

"那是关心你呀，毕竟你一个人在外面，不比在家里他们能照顾得到。"

"嘘寒问暖，不如打笔巨款。"说完，田甜放肆地笑了起来，令我有些琢磨不透——她到底是为了掩饰尴尬，还是心里真的这么想。

我总觉得这样的态度多少会伤害父母的心，也许要等到她自己为人父母了，才会懂得这样一份牵挂。

"又不是玻璃心，哪儿那么容易伤到哇！"显然，田甜不以为然。

那之后很久，我们都没有再联系过。在我看来，对父母的关心尚且如此冷淡，也许我们这些朋友在她的眼里也只是过客。

直到分开很多年后的某一天，有一次在朋友圈看到田甜发的状态，她说："父母在，不远游，以后再也不用挂断电话。"配图是亲情微电影《爱不停炖》的插图。

我想，现在的田甜大概已经懂得了亲情的可贵。

父母总是为儿女想得更多，这饱含着亲情的电话粥，浓郁有味又好喝，粥的味道会越炖越香甜，喝到肚子里是满满的幸福。

千万别因为不耐烦而掐断了这份热情，伤的不只是父母的心，还如一瓢冷水浇透了爱你的那份热情。

珊珊的父母最近刚学会用微信，三个人建了一个"相亲相爱一家人"的群，她母亲更是一改往常的"电话粥"，用微信聊天，有时候珊珊忙了一圈回来，就见到群里有十几条未读信息。

珊珊把微信界面翻给我看，无奈地说："你看，我现在都后悔教会他们使用微信，这电话是少了不少，改用微信聊，还骗了我好几个红包。"

"你怎么想到教你父母用微信的呀？"我问她。

"咋啦，只准你爸妈用，还不准我爸妈用啊？"珊珊开玩笑地笑了笑，转而说道，"还不是因为上次把我妈一个电话粥给掐了，她跟我闹了好几天的别扭，一会儿说我嫌弃她老了，不喜欢跟她说话；一会儿又说我在外面野了，都不关心他们了……我就想着给她找点儿事做做。"

我想起母亲学微信的初衷，感慨道："同一个世界，同一个妈妈。"

"可不是，前阵子我妈刚学会了看小说和玩游戏，现在不是逮着我要跟我对战，就是让我一边儿玩去别打扰她看小说……我怀疑我是捡来的。"珊珊假装抱怨。

上个月，珊珊要去参加一个座谈会，邀请函里事先通知安排了会后的小型聚餐，她想着晚上回宿舍可能会比较晚，到时候再给母亲打电话会打扰老人家休息，就在赴会的路上给母亲打了个电话。

"今天这么早就打来电话了？"电话刚接通，那头就透着母亲满满的怀疑，"是不是晚上要去外面'鬼混'，提前来报备呀？"

"我可是你亲闺女，怎么能这么说我呢……"珊珊平时跟母亲贫嘴惯了，其实两人的感情一直都非常好，更多的是像姐妹一样相处，所以平时聊的话题也多，电话粥更是常有的事。

"我想想，你是不是我亲闺女哈……"母亲回应着。

"得了，这么侃下去又没完没了了。"珊珊想起这通电话的正事，"我就是跟你说一下，我等下去参加一个座谈会，晚上回家不知道什么时候，晚点就不给你打电话了。"

"座谈会？"母亲一听是座谈会，立刻关心起了珊珊的终身大事，急切地问道，"有好点儿的小伙子要注意一下啊！穿漂亮点儿，化个妆去，在这么高端的场合认识一两个小伙子发展下挺好的！"

"妈！"珊珊忙制止母亲的话题，"你真是够了，还认识一两个呢，我又不是花心大萝卜。"

"这不是有个备选空间嘛，不能在一棵树上吊死，万一有更好的呢？有对比才有突出！"母亲倒是开明，但珊珊可受不了母亲这套逻辑。

　　"妈，差不多就得了啊，还有对比就有突出……"看看车窗外的景色，珊珊意识到自己差不多快到会场附近了，想着怎么中断母亲的话题，否则又是一场持久战，因为她们总是有聊不完的话、贫不完的嘴。

　　"妈，我就要到了，不跟你说了，挂了。"

　　电话那头的母亲还在说："我还没说完……"珊珊已经率先挂了电话。她知道自己不挂断，母亲又能拖很久，心里倒是估摸着母亲要生气了，平常都是让她先挂的，但此时也顾不了这么多了。

　　果然，第二天晚上珊珊再打电话过去，母亲开口第一句就是："还以为你嫌弃妈妈老了不跟我说话了呢，挂电话挂得那叫一个干脆……"

　　珊珊哄了好久，琢磨着想个办法找点儿母亲感兴趣的事去做，这样能分散下母亲的注意力，这才想到让母亲学会用微信、学会上网，按照母亲喜欢新鲜事物的性格，至少有一阵子可以不"烦"她。

　　自从珊珊母亲学会手机上网之后，仿佛打开了一扇新世界的大门，对网上的事物都充满了好奇，还顺带着也教会了老伴上网。父亲每天看看新闻和视频，两老的日子过得不亦乐乎。

　　珊珊说，她这是既帮助父母找到了他们的生活乐趣，平时也依然保持对他们的关心，这样不仅不会打扰到彼此的生活，还多了许多共同话题。

　　龙应台在《亲爱的安德烈》里说，母亲想念成长的孩子，总是单向的；充满青春活力的孩子奔向他人生的愿景，眼睛热切望着前方，母亲只能在后头张望他越来越小的背影，揣摩，那地平线有多远，有多长，怎么一下子，就看不见了。

　　如果有时间，多陪父母说说话，带他们去看看世间的繁华，就像小时候他们拉着我们的手，告诉我们：这就是我们将来要面对的世界。

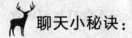 **聊天小秘诀：**

乐趣加分原则 1：为父母找一些他们感兴趣的爱好，诸如微信聊天、看小说、玩游戏、看新闻，或者是报团旅行、参加社区活动等，让他们的生活充实而有趣。

乐趣加分原则 2：经常关心他们的生活，把话题从你身上转移到他们身上，给他们多一点儿关心和爱护，提醒他们可以稍微转移一下生活的重心，不需要总是围着你打转。

3. 路过妈妈的全世界

在小说《溺爱成瘾》里看过这样一段话，大意是：为什么说世上只有妈妈好？因为妈妈会在平日里训你、收拾你，甚至打你、不理解你。可是，在你真正有事的时候，在全世界都背叛你的时候，也只有妈妈会永远坚定地站在你身边，无论你发生什么事也不会放弃你。

远走他乡的姑娘不止玉枝一个，但在公司里找我哭诉的人，她算是头一个。

玉枝的母亲身体向来不太好，早年为了他们姐弟也是操碎了心，如今她在杭州生活，弟弟还在母亲身边，但说到底，弟弟性格大大咧咧的，照顾父母总是让她不放心。

玉枝的工作状态没有以前那么好，似乎多了很多愁思，连实验数据都出错好几次，惹得审核数据的吴工来找我抱怨:"玉枝最近都不在状态,现在我都害怕审她的报告,要不你跟她谈一下?"

我把玉枝叫到办公室,她大概也知道我的目的,便主动开口说道:"慕慕姐,我很纠结,跟父母两地也是一种煎熬哇!"

自从弟弟悄悄告诉玉枝母亲最近身体状况不尽如人意,但为了省钱又不去看医生,玉枝就愁得几个晚上没睡好。

因为要早起劳作,母亲通常睡得比较早,她和玉枝的联系并不频繁,她也不敢打扰母亲休息,只有周末的中午会多聊几句。

电话一接通,玉枝就直奔主题:"妈,阿弟说你最近身体不舒服,又不去看医生,那怎么行呢?"

"你阿弟这孩子,跟他说了不要告诉你,你在外面挣钱已经够辛苦了。"母亲略带责备,她体恤玉枝的辛苦,在外工作要省吃俭用,每个月还要把钱打入家里的户头。

"你也别怪阿弟了,他也是为你好。我给你汇了一笔钱,明天让阿弟带你去医院检查一下,这样我在外面也安心。"玉枝克制自己想哭的冲动,刻意假装语调轻松。

"妈没事,年纪大了总会东痛西痒的。"母亲反而安慰玉枝,"倒是你,不用老给家里汇钱,家里够用了,你自己在外面吃得好一些。"

听了母亲这话，玉枝终于克制不住自己，哭着说道：
"妈，要不我回老家照顾你们吧，现在这样好难受。"

"说什么傻话呢，这孩子……你心气儿高，从小就想去外面闯，你也有这能力，咱们这小地方不适合你。"母亲非常了解玉枝的脾性，知道她回老家才会真正不开心。

"可是……"玉枝的内心很纠结。

"别可是了，知道你这孩子孝顺，我和你阿爸也很高兴，可不能因为要照顾我们而耽误了你的前程。"母亲继续劝慰她，"等你以后有能力了，把我们接过去住几天就可以了。"

"那是肯定的，我也想早点把你们接过来……"玉枝环顾自己这几平方米的出租屋，越发难过，"我会继续努力挣钱，让你们都搬到大城市来。"

玉枝暗暗下定了决心。

"你有这份心，妈就很开心了。"母亲的内心是宽慰的，玉枝向来是她的骄傲。

小时候，孩子是父母的全世界，妈妈放弃个人幸福，顶着生活压力，只为了给孩子一个舒适的童年。长大后，孩子离开父母，去闯荡属于自己的世界，还有多少人会记得时常去看望在家里那已然年迈的父母？

　　有一次父亲得了肺炎需要住院治疗，于是每天傍晚，母亲都会做好晚饭让我送过去，也因此认识了父亲邻床的徐大伯。送饭大概足有半个多月，我从来没有遇到过他的孩子，只有两次遇到过徐大妈。

　　"你女儿又给你送饭来啦，有女儿真好。"徐大妈羡慕地对父亲说。

　　说起儿子徐阳，徐大妈就有说不出的滋味。

　　徐阳早年在外省求学，除非零用钱不够花了会给家里打电话，平时根本联系不上，就连寝室的电话都没有告诉过父母。不知道是不是他长了心眼，每次打电话回家都不尽相同，回拨过去都没有人接听。

　　徐阳难得给家里打电话，开口就说："妈，我钱花完了，你再给我汇点儿。"

　　"怎么这么快就花没了？今天才15号啊，不是3号才给你汇过生活费吗？"徐大妈也有些惆怅，家里并不是非常富有，架不住儿子这么大的开销。

　　徐阳不耐烦地说："不汇也成，明天开始我就一天吃一餐，饿到下个月你们给我汇生活费好了。"

　　徐大妈一听，心疼儿子，无奈地说："行吧，明天去银行给你汇。"

　　徐阳上完大学之后，去过北京、上海，没有一技之长在大城市举步艰难，但他又不想回到父母身边，于是折中选择了留在宁波，虽说两地不远，但他一年半载都不给家里打电话。过了几年成家后，他更是连逢年过节都很少回家。

难得逮到徐阳打电话回家，徐大妈抓紧机会便说教："阳阳，你有时间给家里打打电话，让我们也知道你过得怎么样啊。"

"哎呀，我就是怕你们整天这么说教，才不想多联系的。"徐阳一听又要开始批判他，就有些头大。

"我这不是跟你说教，你又不经常回家，手机号码也是三天两头地换，家里要是万一有点什么事，找都找不到你。"徐大妈苦头婆心地说。

"知道了，没啥事我就挂了。"还没等徐大妈说完，徐阳就率先挂了电话，留下徐大妈在电话这头叹气。

父亲吃完饭，我正在收拾餐盒，徐大妈又对父亲说道："你看你女儿，天天给你来送饭，我家阳阳连他爸住院了都还不知道呢。"

一旁的徐大伯搭话："前阵子你的身体也不好，出院了好久那浑小子都不知道，还不知道他下次打电话来是什么时候！"说完，还掩饰不住一脸的怒气。

徐大妈安慰道："回头那小子打电话回来，你可别骂他了。他平时已经够忙的了，就别给他添堵。"

"都是被你给惯的。"徐大伯没好气地埋怨。

我和父亲面面相觑，不知道该怎么接他们夫妻的话题，便只能沉默地当听众。

母亲的爱，是用任何语言都无法形容的情感，她愿意无条件地包容孩子的过错，谅解孩子的难处。但不是所有的孩子都懂得母亲的这份苦心，还抱怨母亲的唠叨管束了他们的自由。

我出发去韩国的前一天，菱子给我发来一条长长的代购清单。打包行李的时候，她又给我发了一条消息："对了，加个网红蜗牛霜，千万别忘了啊！"

"又给你家母上大人买护肤品啊？"我猜测道。我的猜测一向很准，特别是对于菱子使用的护肤品，因为她所有的护肤品都是让我海淘代购，哪些是她自用，哪些是她母亲用，这些我再清楚不过。

不过，说起菱子和她的母亲钱阿姨，俨然是一对"姐妹花"，她们之间丝毫没有作为母女的"觉悟"，连交流方式都像平辈那样诙谐轻松。

有一次，我跟菱子约了下午去看电影，她提议午饭去她家吃。对于钱阿姨的手艺，我也甚是想念，便欣然同意。

　　钱阿姨对于我的到来没有任何意外，甚至跟我寒暄：
"哟，慕慕很久没来啦，今儿个阿姨给你露一手。"她边
说着边系上围裙到厨房去忙活了，留下我跟菱子聊天。

　　钱阿姨脸色红润，一点儿也看不出是快 60 岁的女人，
我不由得夸赞："阿姨最近气色真好哇，肤质也不错，她
对保养还真有一套。"

　　"你可千万别当着我妈的面夸啊，她会骄傲的。"菱
子说完还朝我眨眨眼，一副"你懂"的表情。

　　我们正聊着，就见钱阿姨端着一盘农家小炒肉走出来，
对菱子说道："今天我遇到你大舅妈，她说我胖了……"
菱子听闻母亲又要说身材就开始翻白眼，但钱阿姨并没有
察觉，自顾自地继续说，"你说我要不要减肥呢？"

　　"我的妈哎……又减？"菱子扶额抗议，"你都一把
年纪了还减啥呀，我都不减！"说罢，还不着痕迹地戳了
戳我，"你说是吧，慕慕。"

　　接收到菱子递过来的信号，我附和道："是啊，阿姨，
您这身材挺好的，看着比我好多了，我都只有羡慕的份，
您还减呀？"

　　"就是就是，您老人家就高抬贵手行行好吧。"菱子
偷笑，又补充道，"可别饿着您的心肝小宝贝哈，我不减。"

　　"瞎说什么大实话！我这身材还不是生你才走形的，

不给我鼓劲儿，还净泼冷水，有你这样当女儿的吗？"钱阿姨不乐意地反击。

"行行行，都怪我，都是我的错！"对于母亲每次说到身材就要赖上自己这一点，菱子着实无奈，"那……要不你把我再给塞回去，以保你青春永驻？"

钱阿姨作势要抽她，嘴上一边笑着骂道："打不死你个死丫头！"

我在一旁被她们母女俩逗乐了，又不敢笑得太过分，捂着嘴憋着。不怕死的菱子拉我下水："慕慕，你要笑就笑出来，我妈不怕的。"

钱阿姨却没有一点儿不好意思，自顾自地唠叨："明天开始去散步……"身后的菱子一脸的笑。

钱阿姨进厨房后，我羡慕地对菱子说："你们母女感情可真好。"

"有缘做母女呗，还不得惯着她点儿啊？"菱子一脸不合时宜的宠溺，笑道，"我可不想等到树欲静而风不止了才去后悔。"

陪伴是最长情的告白，对于母亲，相信这个世界上最爱你的是她，最疼你的是她，最希望你过得幸福快乐的依然是她。如果有时间，多陪伴那个为你操碎了心的女人。

季红真教授在《孩子，你是妈妈的世界》里写道，人生终究是没有准的，我更希望你成为一个勇敢的人。无论有多少艰难险阻，有多少羁绊纠缠，都要去寻找你的海洋、你的森林、你的天空、你的山岭。冲破亲人的溺爱，去开拓你的世界，建立你的生活。心要宽厚，灵魂要粗糙。

聊天小秘诀：

温暖加分原则 1：因为冲突而产生愤怒时，气愤的言辞要谨慎考虑该不该说，是否会伤了父母的心，别等到伤害了才追悔莫及。

温暖加分原则 2：有时间多陪伴父母。所谓"父母在，不远游，游必有方"，想去旅行的时候，不妨带上亲爱的爸爸妈妈一起领略旅途的风光。

4. 每个家都喜欢甜言蜜语

小时候就知道家是温暖的港湾，在外面遇到了挫折和困难，只要回家，一切都会好起来。这样一个温暖的地方，应该充满温馨，每个家都喜欢甜言蜜语。

跟朋友熙宝吃饭的时候，说起前不久在星巴克偶遇朱琳的事。我说道："想想她读书的时候多意气风发，连我的面子都不买。可是，几天前看见她憔悴得很，好想推荐她买几个面膜。"

"你就别惦记你那海淘了。"熙宝忙制止我，"人家朱琳那是让生活愁的。"她们两家长辈住一个小区，多少了解一些朱琳家的事，便把自己知道的消息讲给我听。

朱琳结婚很多年了，算是我们同学中结婚早的。但是她一直没有孩子，这一点总是让她闷闷不乐，不仅爸妈催着，公公婆婆也着急。

朱琳和老公阿军一起做了身体检查，彼此都没有问题。朱琳想，会不会是工作压力太大了？于是，她便换了一份相对安逸的工作，不用起早贪黑，也没有那么多琐事，算是提前安排一个好的工作环境备孕。

但朱琳向来好强，新工作太安逸，她就觉得自己像个废人。所以，自从换工作以后她就一直不顺心，工作状态也越来越烦躁，回家后更是经常闷闷不乐。

阿军很照顾朱琳的情绪，见她心情不好，就关心地问："老婆怎么啦？有事说来听听。"

"要你管，别来烦我。"一想到自己换工作的原因，朱琳就不开心，"还不都是因为你！"

"好好好，都是因为我，那你别不开心啦。"阿军还是好言好语地哄着，"走吧，我带你去吃好吃的。"他知道朱琳是个吃货，遇到心情不好的时候只有美食能安抚她。

"吃什么吃，一点儿胃口都没有。"朱琳的心情已经不是用美食就可以解决的了。

日复一日地面对这些问题，让朱琳心力交瘁，对阿军的态度完全转变了，连家里的气氛也凝重了，欢笑声越来越少出现在这个家里。

阿军吃完饭没有洗碗，朱琳会说："这些活儿你也不帮忙，全部让我做！"

家里的地板好几天没有清理了，朱琳又会对阿军说："这些事情全部都要我做，那你干什么？"

阿军的工作比较忙，经常加班到很晚才回家，此时朱琳已经睡下了。她又会觉得，丈夫是嫌弃自己，在逃避她，对自己已经没有感情了……

这样的矛盾越来越多，家里到处充满了负能量。朱琳只要不开心，就会直接发泄到阿军身上。久而久之，夫妻俩的感情越来越差。

负能量像恶性循环一样，在他们夫妻之间流转，消耗着两个人原本浓烈的感情。阿军对此也很困惑，问朱琳："你到底哪里不开心呢？可以跟我讲。"

但是，朱琳想来想去，却说不出自己到底哪里不开心，只是不能很好地控制自己的情绪，于是，身为丈夫的阿军理所当然成了她的情绪收容站。

家是一个让心灵可以不设防的温暖存在，如果无法进行和谐的沟通，一味用坏情绪来宣泄对彼此的不满，而不找出问题和方法去根本地解决，只会拉开彼此的距离。

大石每天都有早起办公的习惯，妻子小玥则在他办公的时候准备早饭。等到宝宝起床的时候，一家人便可以其乐融融地一起吃早饭，吃完再各自出门。

大石的这种家庭关系，一直都让我们羡慕不已，他们夫妻之间几乎没有闹别扭的时候，更多的是你侬我侬地撒"狗粮"。但我们都知道大石的脾气向来火暴，现在改变这么大，我们好奇之下就问他是怎么改变的。

大石说，在一件不愉快的事情发生后，他才下定决心去控制自己的坏情绪。

一天早上，小玥还没有做好早饭，儿子小石便拿着一包颜料去找正在办公的大石，用稚嫩的声音充满期盼地说："爸爸，陪我玩会儿吧。"

大石正在整理今天需要演讲的资料，听说总公司的几位重要主管也会参加，所以他格外重视。为了这次演讲，他已经准备了好几天的材料，于是，他对小石说："宝宝自己玩好吗？爸爸正在忙。"

"我们幼儿园最近要举办画画比赛呢，我也要参加，你就教教我呗。"平常很乖巧的小石今天却没有轻易放弃想跟爸爸一起玩的念头，大概是觉得平时爸爸的电脑里总是有五彩缤纷漂亮的画，他一定能帮助自己。所以，任凭大石怎么哄，也不能让小石放弃这个念头。

在一拉一扯之间，小石不小心把颜料倒在了大石的公文包上，连放在公文包旁边的资料也未能幸免。这让大石非常生气，一把拖过小石就狠狠地揍了一顿。

小玥听见动静，从厨房跑出来时已经迟了一步，小石坐在一旁伤心地哭着。这让小玥心疼不已，她生气地朝大石吼道："宝宝还小，你怎么不讲道理就揍人？就算是你揍了他，你的资料也已经弄脏了，这样能解决问题吗？"

大石觉得小玥不理解自己对于这些资料的重视程度，一旁的小石嘴里还嚷着"爸爸坏"，他更觉得气愤："还不都是你惯的，才把孩子惯得无法无天！"

小玥一听更生气了，于是两个人你一句我一句，吵得不可开交。最后的结果是，一家人第一次打破了一起吃早饭的惯例，各自不开心地开始了一天的行程。

生气的小玥连开车的时候都在想着早上发生的事，没有注意前面的车子急刹车，将前面的车子追尾了。

前面的车主一下车，就对小玥吼道："不会开车就不要开，一大早的，耽误谁呀！"小玥本来心情就不好憋着一肚子气，便索性发泄在了对方车主身上，两人直到交警来处理事故还在争吵，导致她这个月的全勤奖没了。

此时的幼儿园里，小石跟小朋友一起在玩滑梯，为了顺序问题也嚷了起来。不开心的小石张嘴就咬了小朋友一口，老师立刻给小玥打电话："请家长在接孩子时来一下老师的办公室。"

接到老师电话的小玥烦躁地告诉大石："都是你，搞得大家一天的心情都不好。今天你去接宝宝，顺便去一下老师的办公室。"

等到大石找到老师和低着头的小石，就听到老师语重心长地说："小石平常乖巧懂事，不知道今天为什么会这么烦躁？"

大石还没有接上老师的问话，一旁的小石却哭了起来："都怪爸爸，自己心情不好就打我……"

孩子的哭声让大石如梦初醒，他终于知道这一天家人的不顺心，原来都是早上他情绪失控引起的。但他们不知道的是，因为早上资料的缺损，造成他的演讲会议召开得也不顺利，主管更是批评他："平时你做事挺认真的，今天怎么会犯这种错误？"

晚上回到家之后，大石小心哄着情绪还没转好的小玥："老婆，以后我不会再随便跟你们发脾气了，你就不要生气了，原谅我好吗？"还配上一个可怜巴巴的表情。

小玥被大石搞笑的表情逗乐了，没好气地翻了他一记白眼："以后有事情咱们好好说，不要动不动就恶言相向，甚至出手教训人，这个影响对大家都不好。"

这一天的经历，对这个家庭充满了戏剧性，但有一点让大石肯定，不论心情有多么糟糕，不要影响最亲密的人的情绪，他们才是自己最需要珍惜的人。

大石感慨地对我说："现在我改了自己的暴脾气，我发现坏情绪总是会影响一些我很看重的关系。"

恶言相向导致的情绪紧张，影响最大的就是最亲密的家人，连锁反应也可能导致彼此都会受到伤害。

从家庭相处之道来讲，莲子和她的老公周达的相处模式倒赢得了我们的一致赞同。

有一次，我约了大家一起吃饭，珊珊点菜回来刚一进门，就听到周达正在夸莲子："老婆，你今天刚吹的头发吗？真好看。"一旁的莲子笑得花枝招展。

旁边的朋友起哄："你们都老夫老妻了还这么甜蜜，是要腻死我们这帮单身狗吗？"

莲子嘴上说着"你们别理他"，实际上心里早就乐开了花。一个人脸上的笑容是骗不了人的，我们都看得出莲子很幸福，而周达自始至终都宠溺地看着她。

莲子告诉我，这就是他们的相处方式，每个家庭都喜欢甜言蜜语，没有人不喜欢这种温馨的气氛。她说："慕慕，我很难想象，如果每天一进门就看到一张严肃的脸，你跟他说话，他也是爱搭不理。这样的家，换作是你，你会想回吗？"我点头表示赞同。

当然，莲子也会有心情不好的时候，周达便会想尽办法安慰她，方式迥异——他扮过小丑，耍过无赖，甚至对着她说过 500 遍我爱你……总是搞得莲子哭笑不得。但是，用周达的话说，只要老婆开心，什么都是值得的。

每天吃晚饭的时间，就是他们沟通的时间。他们会把每天遇到的事情、公司里的所见所闻都讲给对方听，遇到困难的时候，一起分析解决。

"相互沟通是为了更好地了解对方，为对方排忧解难是义务，也是责任。"周达对我们"说教"。

见我们都起哄，莲子不好意思地说："你们别听他扯，他就会一张嘴说些甜言蜜语，哄得我开心就完事了，事情还不都是我在做。"话虽这么说，但丝毫看不出她有任何不满，倒像是乐此不疲。

珊珊问莲子："你们有吵架的时候吗？"

"当然有哇，怎么会没有呢？但总有办法解决的。"莲子笑道，"吵架后不是我哄着他，就是他哄着我，不会一直吵的。而且我们也约定，不论吵得多厉害，任何事情只在头一天解决，绝不拖延到第二天。隔天就算是翻篇了，更加不能冷战。"

"对，绝不冷战。"一旁的周达开玩笑地说，"冷战就是冷暴力，我可是会去告的！"

"你告得了谁呀？"莲子问道。

"告我丈人、丈母娘啊！"周达一脸的不妥协，"我离家出走，直接住他们家去，我说你虐待我，看你妈不收拾你。"他的话引得我们哄堂大笑。

这样轻松愉快的家庭氛围，即便是长期相处也能保持心情愉悦。

在家庭相处中，经常赞美对方、认可对方，遇到问题时一起分析一起解决，配以适当的甜言蜜语，这样的模式总能使关系更加亲密稳定，家庭氛围也会长期处在轻松愉快的状态。

相信，没有人不喜欢这样的气氛。

有人说，甜言蜜语是达成人生幸福的一节必修课。

其实，甜言蜜语不一定都是很假的，但一定是很暖心的，就像寒冬腊月里的阳光一样，温暖着彼此的心。比起那些伸手触不到的海誓山盟，那些实实在在的话语才是最感人的。

聊天小秘诀：

甜蜜加分原则 1：学会控制自己的情绪，不要把负面情绪传染给最亲密的家人，他们不是你坏情绪的垃圾桶。

甜蜜加分原则 2：在对方遇到困难的时候，给予实实在在的关心。在对方需要你的时候，勇敢地说："有我在，别怕。"

甜蜜加分原则 3：经常保持沟通，给予对方适当的回应。